誰も教えてくれなかった
プロに近づくための
パンの教科書
発酵編

ロティ・オラン 堀田誠

河出書房新社

はじめに

2016年に上梓した『プロに近づくためのパンの教科書』では、
パン作りの工程に焦点をあてました。
今回はさらに一歩踏み込んで、"発酵"というキーワードについてお話します。
パン作りで"発酵"というのは、酵母菌発酵のこと。

ロティ・オランでは、酵母菌発酵を"膨らませること"だけでなく、
"旨み""酸味"に変化させるものとして意識します。
そこには、酵母菌と乳酸菌、麹かび菌などの発酵菌が深く関わってくるので、
それぞれの特徴を理解しながらパン作りを行います。
しかし、発酵菌の近くには腐敗菌も存在しているので、
発酵菌であることを見極めることが大切です。

また、酵母菌、乳酸菌、麹かび菌の中にも、
人間にとって悪い方向に働く種類があるので気をつけてください。
特に麹かび菌のように、かび毒を出す菌と近いところにある菌を使う場合は、
市販のものを使うことをおすすめします。

プロのパン屋さんがこだわる主材料を、
どのようにして旨み、酸味に大きく変えていくのかを発酵種を通して体験すると、
先人たちの知恵に驚かされるでしょう。
作り方は無限にあります。
自分がいいと感じる旨みや酸味にこだわって、パン作りを楽しんでください。

また、本書に掲載したパンをご自分で作ると、
まったく同じパンができるとは限りません。
それは発酵種を作った場所に存在する菌が異なるため。
だからこそ、自分で作った発酵種で作るパンはそれぞれ違った味わいになり、
パン作りの楽しみを広げるのです。

ロティ・オラン 堀田誠

CONTENTS

はじめに ――――――――――――――――― 3

ロティ・オランの考えるパン作り ――――――――― 8
ロティ・オランの考える3つの酵母菌パワー ――― 9

酵母を知る

発酵とは ―――――――――――――――――― 11
  発酵種菌の環境条件 ――――――――――――― 11
パン作りの工程の中での酵母種菌の役割 ――――― 12
  酵母菌 ―――――――――――――――――― 13
  乳酸菌 ―――――――――――――――――― 14
  酢酸菌 ―――――――――――――――――― 15
  麹かび菌 ――――――――――――――――― 16
    発酵種菌の分類と種類 ―――――――――――― 17
発酵種とは ――――――――――――――――― 18
パン作りでの発酵種の働き方 ―――――――――― 19
  発酵種の味と時間の関係 ――――――――――― 20
  Aタイプ　食感にこだわる発酵 ―――――――― 22
  Bタイプ　香り＆旨みにこだわる発酵 ―――――― 23
    発酵種の種類 ――――――――――――――― 23
    発酵種の微生物と食感の関係 ――――――――― 23
    中種を使ったパンの配合例 ―――――――――― 24
    ポーリッシュ種を使ったパンの配合例 ―――――― 25
  Cタイプ　酸味にこだわる発酵 ―――――――― 26
    発酵種の種類 ――――――――――――――― 26
    発酵種の微生物と食感の関係 ――――――――― 27
    発酵種の発酵温度による酸味の違い ――――――― 27
    発酵種と有名な地域 ―――――――――――― 28
    ロティ・オランの考える発酵種と粉の相性 ――――― 29

発酵種でパンを焼く

パン作りを始める前に知っておくこと
 種おこし ──────────── 32
本ごね生地 ──────────── 33
種おこしとは ──────────── 36
 発酵種の環境条件 ──────────── 36

フルーツ種
 フルーツ種の環境条件 ──────────── 38
 フルーツ種のおこし方 ──────────── 39
  フルーツ種（フレッシュ）/フルーツ種（ドライ）

フルーツ種（フレッシュ）で **セーグル** ──────────── 40

フルーツ種（ドライ）で **メランジェ** ──────────── 46

酒種
 酒種の環境条件 ──────────── 52
  酒種のおこし方 ──────────── 52
  酒種（酒粕）/酒種（米麹）

酒種（酒粕）で **もちパン（チャバタ風）** ──────────── 54

酒種（米麹）で **ハニークリーム** ──────────── 60

ヨーグルト種
 ヨーグルト種の環境条件 ──────────── 66
  ヨーグルト種のおこし方 ──────────── 67
  ヨーグルト種（粉なし）/ヨーグルト種（粉あり）

ヨーグルト種（粉あり）で **発酵菓子** ──────────── 68

ヨーグルト種（粉あり）で **クグロフ** ──────────── 74

サワー種

サワー種の種類 —— 80
粉の旨みにこだわりたい人が使うサワー種 —— 80
ルヴァン種／ライサワー種
本格的なパン作りにこだわる人やプロが使うサワー種 —— 80
ホワイトサワー種／パネトーネ種
サワー種のスクリーニングのやり方 —— 81
スクリーニングでの微生物の動き —— 82
スクリーニングでの環境条件 —— 83
初種またはかえり種 —— 84
元種 —— 86
仕上げ種 —— 88
仕上げ種のpHと発酵種菌のバランス —— 90
サワー種で使う粉について —— 91

ルヴァン種

ルヴァン種の環境条件 —— 92
ルヴァン液種（リキッドタイプ）のおこし方 —— 93

ルヴァン液種で **カンパーニュ** —— 94

ルヴァン液種で **パヴェ** —— 100

ライサワー種
- ライサワー種の環境条件 —— 106
- ライサワー種のおこし方 —— 107

ライサワー種で ディンケルブロート —— 108
- ディンケル小麦について —— 113

ライサワー種で フルヒテブロート —— 114

ホップス種
- ホップス種の環境条件 —— 120
- ホップス種とサワー種の違い —— 120
- ホップス種の種おこしの材料 —— 121
- ホップスの煮汁の作り方 —— 121
- ホップス種のおこし方 —— 122

ホップス種で ワンローフ（食パン） —— 124

- パンの断面でわかること —— 130
- 材料と道具 —— 134
- でき上がった種の保存 —— 138
- パン作りで聞きたかったQ&A —— 139

ロティ・オランの考える パン作り

パン作りをするとき、小麦粉、酵母菌、水、塩という基本の材料を上手に組み合わせることがポイントになります。小麦粉、酵母菌、水には相互に関係性があって、どれも切り離せないもの。そこに塩が加わることで味を引き立たせます。塩は「小麦粉＋水」（＝たんぱく質）、「小麦粉＋酵母菌」（＝酵素活性）、「酵母菌＋水」（＝浸透圧）に関与します。下図はこれらを図にしたものです。まずはこの関係をしっかりと頭に入れておきましょう。

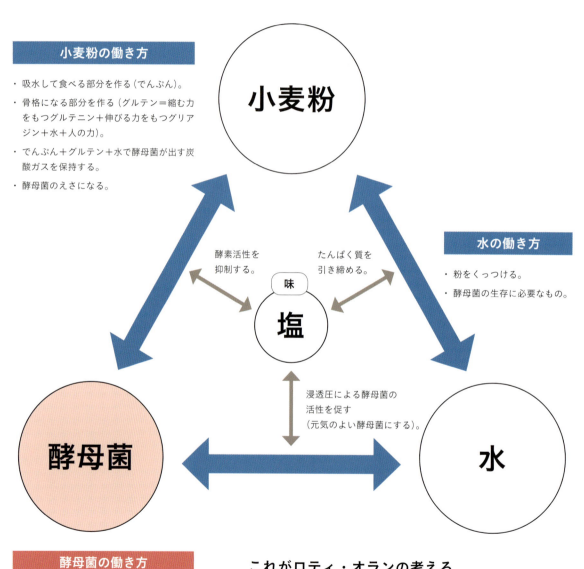

小麦粉の働き方
- 吸水して食べる部分を作る（でんぷん）。
- 骨格になる部分を作る（グルテン＝縮む力をもつグルテニン＋伸びる力をもつグリアジン＋水＋人の力）。
- でんぷん＋グルテン＋水で酵母菌が出す炭酸ガスを保持する。
- 酵母菌のえさになる。

水の働き方
- 粉をくっつける。
- 酵母菌の生存に必要なもの。

酵母菌の働き方
- ポンプの役割をする。
- 食感と味をコントロールする。
- 水なしでは生存できない。
- 増えるためにはえさ（でんぷん）が必要。

これがロティ・オランの考える基本的なパン作りの材料の関連性ですが、本書ではこの中の酵母菌の部分に焦点をあてて、発酵について考えます。

ロティ・オランの考える3つの酵母菌パワー

「発酵」はとても広い意味をもつ言葉です。ロティ・オランは大きく3タイプに分けて考えます。そして作りたいパンによってこれらを使い分けています。タイプによって発酵を促す酵母菌や乳酸菌、微生物などが異なり、複雑な要素が絡まってくるからです。ここで「発酵」の基本的な考え方をしっかりと覚えておきましょう。

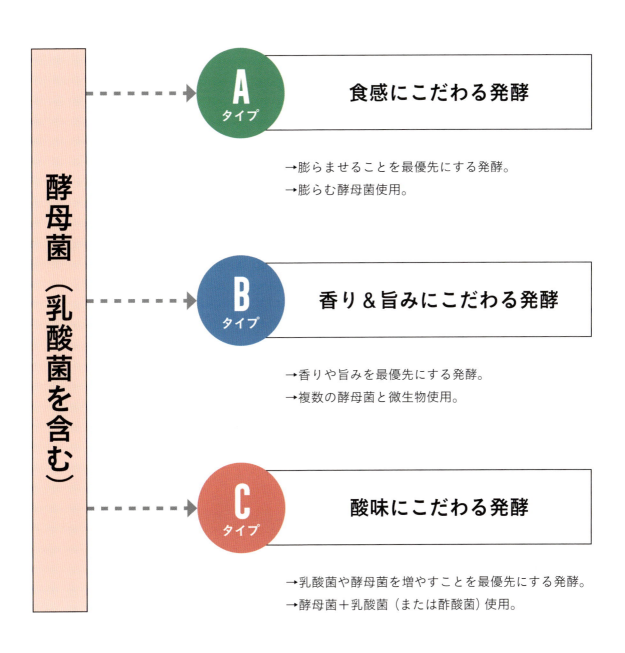

酵母菌（乳酸菌を含む）

Aタイプ　食感にこだわる発酵
→膨らませることを最優先にする発酵。
→膨らむ酵母菌使用。

Bタイプ　香り＆旨みにこだわる発酵
→香りや旨みを最優先にする発酵。
→複数の酵母菌と微生物使用。

Cタイプ　酸味にこだわる発酵
→乳酸菌や酵母菌を増やすことを最優先にする発酵。
→酵母菌＋乳酸菌（または酢酸菌）使用。

酵母を知る

発酵とは

発酵とは一般的に酵母菌と乳酸菌の共生関係のことをいい、乳酸菌が増えると酵母菌が増えるパターンと乳酸菌が増えすぎて酵母菌が眠るパターンがあります。乳酸菌次第で酵母菌の働きが変わり、最適の条件がそろうと酵母菌はよく育つといわれているのですが、このメカニズムはまだ解明されていません。ただ気をつけることは、「発酵」と「腐敗」は違う、ということ。このことをしっかりと認識しておくことが大切です。

〈発酵種菌の環境条件〉

発酵菌はいろいろな種類がありますが、パン作りの工程の中で使うのは酵母菌、乳酸菌、酢酸菌、麹かび菌の4つ。これは本書では発酵種菌と呼びます。それぞれ元気に働くための5つの環境条件（温度、酸素、えさ、pH、水分）があります。

① 温度

酵母菌も乳酸菌も酵素が働くことによって元気になる。活動温度は4～45℃で、最も活性が高くなるのは25～35℃。酵素は4℃で分解を始め、30～40℃で活性が頂点に。このとき、酵素は栄養分を効率よく分解してエネルギーを取り出し、その結果酵母菌が元気に増殖する。そのあとは一気に分解のスピードが落ちる。また、酵素はたんぱく質が主成分なので、50℃以上になると熱によってたんぱく質がゆがみ、60℃を超えると壊れて元に戻らない（熱変性）。

② 酸素

パンが膨らむためには、アルコール発酵と酸素が必要。アルコール発酵には酸素は必要ないが、それだけだと膨らむのに時間がかかり、しかもアルコール臭の強いパンになってしまう。酸素を必要とするのは呼吸。呼吸をすると、えさであるブドウ糖1個から38のエネルギーが生まれるため発酵が早まる。

③ えさ（栄養）

パン作りの中でのえさは、小麦粉に含まれるでんぷんから切り出された麦芽糖や、材料で加える砂糖（ショ糖）。さらに麦芽糖やショ糖が分解されたブドウ糖や果糖もえさになる。

④ pH（ペーハー）

発酵に関わる微生物は酸性の環境を好む。そのため、pHの値が大きく影響してくる。

pHとは

酸性とアルカリ性の強さを1～14の数字で表したもので水素イオン濃度を示す。pH7＝中性で、pH1に近づくほど酸性度が強く、pH14に近づくほどアルカリ度が強くなる。水素イオン濃度を求める数式は以下の通り。

$pH = -\log_{10}[H^+]$

＊[H$^+$]＝水素イオン濃度

[H$^+$]は10^{-a}と示し、[H$^+$]＝10^{-4}ならpH＝4になる。

つまりpHの値が1小さくなるだけで、水素イオン濃度は10倍、100倍、1000倍……と増えていくので、ほんの少しpHが違っても中では大きな変化が起こっていることになる。

⑤ 水分

酵素が働くのは水の中だから、水分は絶対必要となる。

パン作りの工程の中での酵母種菌の役割

パン作りでは、**短時間で発酵させる本ごね生地（パン生地と呼ばれるもの）の発酵**と、**長時間で発酵させる発酵種の発酵**があります。本ごね生地の発酵はパン酵母（＝市販のイースト）が主役で、どんなパンでも作ることができます。一方、発酵種の発酵は、**発酵種菌（酵母菌、乳酸菌、酢酸菌、麹かび菌）が主役**で、こだわりのパンを作ることができます。

本ごね生地の発酵

- 短時間で発酵。
- 一般的なパンならどんなものでもできる。
- パン作りの主役は粉。
- 微生物の主役はパン酵母（市販のイースト）。
- 「食感」のコントロールができる。
- パンの中でやさしく（弱く）変化する。

発酵種の発酵

- 長時間で発酵。
- こだわりのパンができる。
- パン作りの主役は微生物。
- 微生物の主役は酵母菌と乳酸菌。菌の種類が多いほど効果的。
- 「香りと旨み」のコントロールができる。
- パンの中で強く変化する〔パン酵母（市販のイースト）も含む〕。

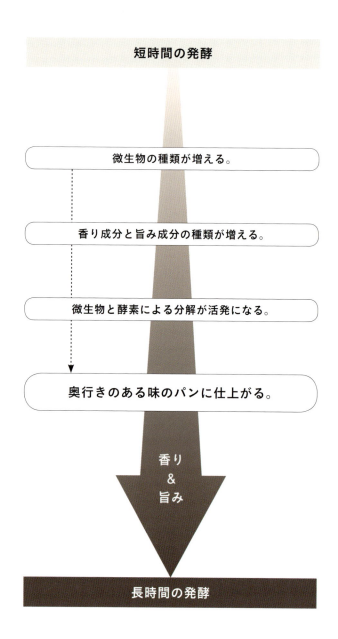

酵母菌は英語で「Yeast」(イースト)といい、市販のイーストや天然酵母菌、直培養酵母菌などがあります。酸素がある場合は、呼吸することでたくさんのエネルギーを獲得して早く増殖し、同時にたくさんの炭酸ガスも生み出します。酸素がない場合は、アルコール発酵をするのでエネルギーの獲得は少なく、ゆっくりと増殖し、少量の炭酸ガスを生み出します。酵母菌の中でパン作りによく使うのは、発泡力の強い「サッカロミセス・セレビシエ」。そのほかに、発泡力は弱いけれど、発酵過程で各種有機酸やアルデヒドなどの旨み、風味、香りに関わる物質を産生する酵母菌たちが関わって、複雑な発酵のパン作りが可能になります。

〈酵母菌の働き方〉

＊ATP＝えさの中に閉じ込められたエネルギー。

アルコール発酵の場合

$$C_6H_{12}O_6 \rightarrow 2C_2H_5OH + 2CO_2 + 2ATP$$

(ブドウ糖) (エタノール) (炭酸ガス) (エネルギー)

酵素が働く

呼吸の場合

$$C_6H_{12}O_6 + 6O_2 \rightarrow 6CO_2 + 6H_2O + 38ATP$$

(ブドウ糖) (酸素) (炭酸ガス) (水) (エネルギー)

酵素が働く

〈酵母菌が元気に働くための環境条件〉

① 温度

酵母菌の活動温度は4〜40℃。最も活性が高くなるのは25〜35℃。

② 酸素

あってもなくても生存可能。ただし、早くたくさん発泡させたいときは酸素が必要になる。

③ えさ (栄養)

小麦粉に含まれるでんぷんから切り出された麦芽糖を主食にする酵母菌と、砂糖 (ショ糖) を主食にする酵母菌があり、パン作りにはどちらの酵母菌でもOK。

④ pH (ペーハー)

酵母菌の活性が高くなるのは弱酸性のpH5〜6。酸性やアルカリ性に強く傾くと、酵母菌も酵素もたんぱく質なので変性して壊れてしまう。

⑤ 水分

水分は必要不可欠。

乳酸菌は糖やたんぱく質をえさにして、乳酸を産生することで生命活動をする細菌類の総称。酸素は必要ありませんが、それでも元気に増殖するのが特徴です。大きく乳酸しか作らないタイプの「ホモ型乳酸菌」と、乳酸菌以外のものも産生するタイプの「ヘテロ型乳酸菌」に分けられます。ちなみに「ホモ」とは"単一"、「ヘテロ」とは"異なる形"の意味です。酵母菌と同様に、食べたえさをエネルギーにして分解しますが、酵母菌とは違う分解のし方です。乳酸菌は数えきれないくらい種類が多く、それぞれ温度やpHなど、元気になる条件は異なります。

〈乳酸菌の働き方〉

＊酵母菌だけがアルコールを作るわけではなく、酢酸菌だけが酢酸を作るわけでもなく、乳酸菌なのに乳酸だけでなくアルコールや酢酸を作るものもある。

ホモ型乳酸菌の場合

ヘテロ型乳酸菌の場合

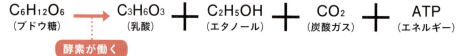

〈乳酸菌が元気に働くための環境条件〉

① 温度

酵母菌と同じ活動温度（4〜40℃）だが、30℃以上の高温域や20℃前後のやや低めの低温域で元気に活動するものもいる。高温域で育てると爽やかな酸味のパンになり、低温域で育てると酸味の強いパンになると、私自身は感じているが、詳しいことはわかっていない。

② 酸素

基本的には酸素なしで発酵する。

③ えさ（栄養）

糖類またはたんぱく質をえさにする。

④ pH（ペーハー）

pH6.5〜pH3.5程度までだが、pH4〜4.5前後で活性が高い。

⑤ 水分

水分は必要不可欠。

酢酸菌

酢酸菌はエタノールを酸化して、酢酸を産生することで生命活動をする細菌類の総称。えさは糖そのものではなく、酵母菌が作ったアルコールで、酸素も必要とします。酵母菌が増える際にえさの糖をすべて使っても、アルコールさえあれば増殖します。酢酸は殺菌作用が強いので、ゆっくりと発酵しながら増殖していきます。酢酸菌は大きくアルコールを酸化するアセトバクター属と、ブドウ糖を酸化するグルコノバクター属に分けられます。

〈酢酸菌の働き方〉

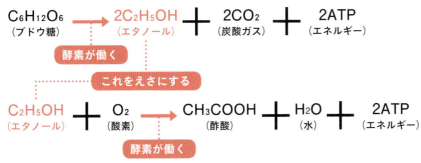

〈酢酸菌が元気に働くための環境条件〉

① 温度
20～30℃で活性が高くなる。

② 酸素
酸素は必要不可欠。水中に酸素が溶け込んでいれば、水中でも増殖し、溶け込んでいない場合は酸素に触れている表面からゆっくりと増殖する。

③ えさ（栄養）
アルコールをえさにする（アルコールを作る酵母菌のえさは糖類）。

④ pH（ペーハー）
pH4～5で活性が高いが、pH3でも生きのびることができる。

⑤ 水分
水分は必要不可欠。

麴かび菌

麴かび菌は、人間にとって有用な微生物の中で、最も分解する力に優れた菌。「こうじ」には「麴」と「糀」の2つの漢字がありますが、それぞれ増やす場所や生み出す風味、用途が異なります。本書では「麴」を使います。麴かび菌は、湿度の高い東アジア圏内（一部東南アジア）にしか生息していません。日本で醸造や食品などに使われているのは、大きく分けて黄麴菌と黒麴菌で、それぞれに白色変異株があります。黄麴菌の白色変異株はアスペルギルス・ソーエ、黒麴菌の白色変異株はアスペルギルス・カワチです。

〈麴と糀〉

	かびの名前	増やす場所	生み出す風味	用途
麴	クモノスかび（一部ケかび）	穀物一般（米、麦、大豆など）	酸味	酒（紹興酒、アルコール度数が高い醸造酒、パイチュウ）
糀	ニホンコウジかび	米	甘み	酒、調味料（しょうゆ、みりんなど）、漬物など

〈麴かび菌が元気に働くための環境条件〉

① 温度

25〜28℃で活性が高くなる。

② 酸素

酸素は必要不可欠。

③ えさ（栄養）

でんぷん質やたんぱく質をえさにする。

④ pH（ペーハー）

最も元気になるのはpH4〜4.5だが、もっと広いpH範囲で生きのびる。

⑤ 水分

水分は必要不可欠。

〈発酵種菌の分類と種類〉

酵母菌の分類

Saccharomyces サッカロミセス属
Cerevisiae	セレビシエ
Bayanus	バヤヌス
Exiguus	エクシグウス
	など

Kazachstania カザフスタニア属
Exigua	エクシギュア
Turicensis	トゥリセンシス
Unispora	ユニスポラ
	など

Candida カンジダ属
Milleri	ミレリ
Albicans	アルビカンス
	など

乳酸菌の分類

Lactobacillus ラクトバチルス属

ホモ型
Delbrueckii	デルブリッキー
Bulgaricus	ブルガリクス
Gasseri	ガセリ
	など

ヘテロ型
Sanfranciscensis	サンフランシセンシス
Plantarum	プランタルム
Casei	カゼイ
Sakei	サケイ
Fermentum	ファーメンタム
Brevis	ブレビス
	など

Lactococcus ラクトコッカス属

ホモ型
Cremoris	クレモリス
Lactis	ラクティス
	など

Bifidobacterium ビフィドバクテリウム属

ヘテロ型
Longum	ロンガム
Bifidum	ビフィダム
Animalis	アニマリス
	など

Pediococcus ペディオコッカス属

ホモ型
Pentosaceus	ペントサセウス
	など

Leuconostoc リューコノストック属

ヘテロ型
Mesenteroides	メゼンテロイデス
	など

Enterococcus エンテロコッカス属

ホモ型
Faecalis	フェカリス
Faecium	フェシウム
	など

＊乳酸菌はパネトーネ種、サンフランシスコサワー種、ライサワー（ドイツ）種、日本の酒種、ホップス種の中にも検出されている。

酢酸菌の分類

Acetobacter アセトバクター属
Aceti	アセチ	Pasteurlanus	パスツリアナス
Orientalis	オリエンタリス	Xylinum	キシリナム
			など

Gluconobacter グルコノバクター属
Oxydans	オキシダンス
Roseus	ロセウス
	など

麹かび菌の分類

Aspergillus アスペルギルス属

黄麹菌
Oryzae	オリゼ
Sojae	ソーエ（白色変異株）
	など

黒麹菌
Luchuensis	ルチュエンシス
Luchuensis mut. kawachii	カワチ（白色変異株）
Luchuensis var. awamori	アワモリ
	など

かび毒を出す可能性があるもの
Flavus	フラブス
Fumigatus	フミガーツス
Niger	ニガー
	など

＊このほかに、それぞれに数多くの種類がある。

酵母を知る

発酵種とは

酵母菌や乳酸菌を育てるもので、大きく3つに分けられます。酵母菌1種だけの発酵種、酵母菌2種の発酵種、酵母菌と乳酸菌が複数の発酵種。それぞれにいろいろな種類があります。

単一酵母菌だけの発酵種

膨らませることを目的とし、時間が長くなるといっそうおいしくなる。

単一酵母菌＋えさの発酵種

膨らませることと旨みと香りを増すことを目的にする。
中種、ポーリッシュ種など。

複合酵母菌＋えさの発酵種

1種だけより複雑な旨みと香りがある。
フルーツ種、ヨーグルト種（粉なし）、酒種など。

複合酵母菌＋複合乳酸菌の発酵種

旨みの強いものに仕上がる。自分でおこすものと市販のものがある。
ルヴァン種、ホワイトサワー種、ライサワー種、ホップス種、
ヨーグルト種（粉あり）、パネトーネ種（イタリアの発酵種）など。

パン作りでの発酵種の働き方

発酵種の種類や発酵時間によって、パンの味に大きな差が出てきます。P9のAタイプ、Bタイプ、Cタイプについて考えてみましょう。

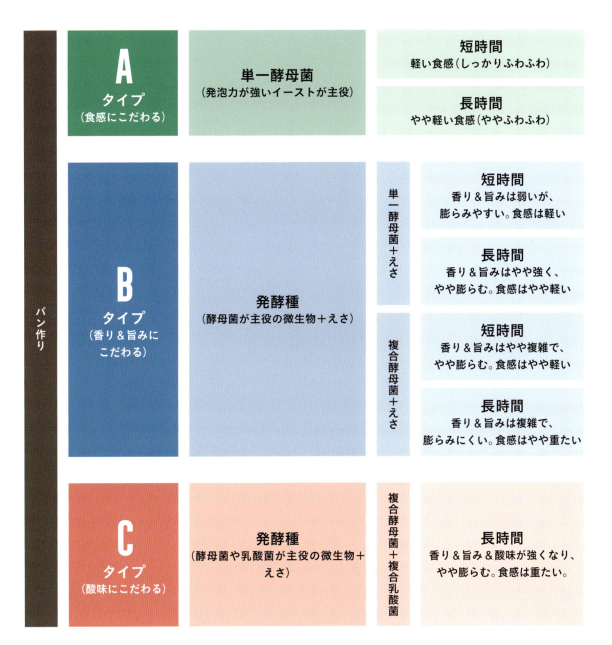

〈発酵種の味と時間の関係〉

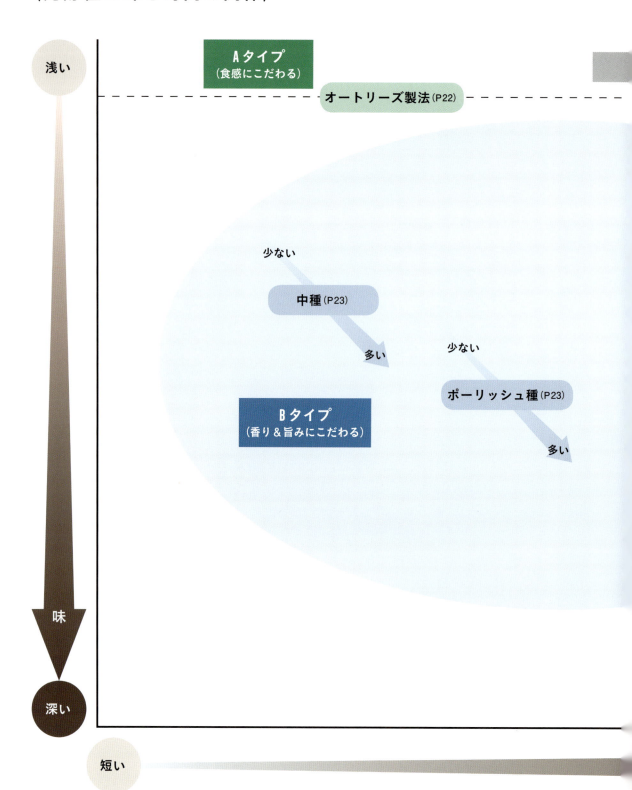

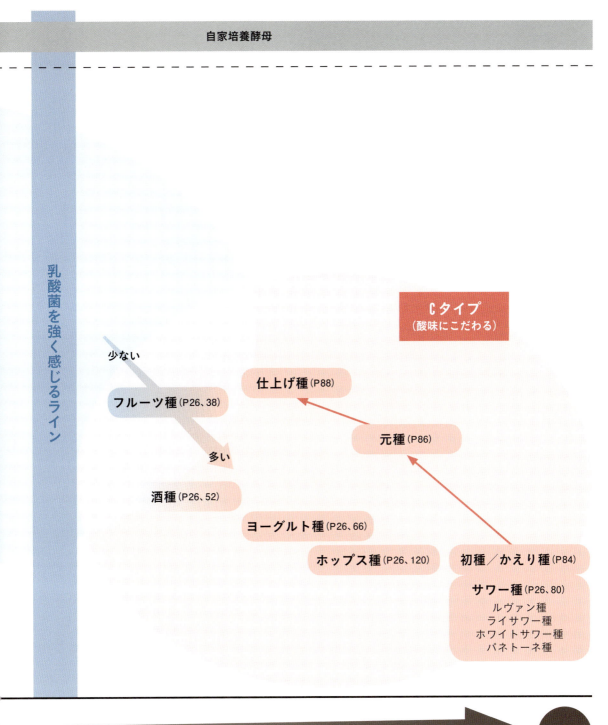

食感にこだわる発酵

よく「小麦本来の旨みを感じる」といいますが、短時間でパンを完成させると小麦の味が残りやすくなります。**小麦の香りや旨みを出したいときは、大きな変化をさせないこと**です。そのため、形や食感を重視する配合や工程を考えます。

オートリーズ製法

グルテンのスムーズな形成と小麦（または添加したモルト）の酵素活性を利用する製法です。最初に粉と水（一部モルト）をこねて、短時間でグルテン骨格を形成し、そのあと酵母菌と塩を加えて生地を引き締めます。これで焼いたときに、グルテン骨格がしっかり伸びるので、グルテン骨格が少ない小麦粉で作るパンに有効です。また、小麦やモルトがもっているでんぷん分解酵素を最初に反応させることで、でんぷん由来の糖を使うことができるため、シンプルなパン作りや酵素量の少ないパン作りにも有効で、きれいな焼き色に仕上がります。さらに、でんぷん分解酵素以外の酵素の反応で、香り成分や旨み成分などの副産物も期待できます。この場合、酵母菌を加えたあとに塩を入れます。ただし、拡散しにくいインスタントドライイーストを使う場合や生地の引き締めまでの時間が30分前後と短い場合は、最初に粉や水といっしょに加えることもあります（酵母菌の活性が高まるまでに15分前後かかるため）。

〈オートリーズ製法の材料と作り方〉

強力粉（春よ恋）	300g
モルト（希釈）	3g

＊モルト：水＝1：1で希釈する。

水	225g

容器に材料をすべて入れ、よく混ぜる。

完成。1日目と変化なし。膨らまない。

Bタイプ 香り＆旨みにこだわる発酵

発酵で微生物が活動すると、えさとなるもの（小麦粉）が分解と合成を繰り返して変化します。微生物は一度小麦粉をバラバラにして（分解）エネルギーを取り込み、その力で増殖し、一方残ったバラバラのものは違う形（例えば遺伝子を修復するためのたんぱく質など）に変化します。えさの小麦粉が分解されることによりダイレクトに感じられる味は、旨み成分のアミノ酸、核酸と香り成分のエステル化合物、ケトン体など。微生物が小麦粉をたくさん変化させると、香りや旨みが増します。奥行きのある旨み＆香りにするには発酵種を使います。発酵種はかたいタイプ（中種）とやわらかいタイプ（ポーリッシュ種）に分けられ、これらを比べてみると、微生物の増殖のし方や酵母菌の量、グルテン骨格のでき方、食感などに大きな違いがあるので、それぞれにあったパンを作ります。

〈発酵種の種類〉

中種

粉の一部に水とイーストを混ぜて発酵させる。かためなので粉と水がくっついて保水力が高め。グルテン骨格が強いので、こねる時間が短縮できる。pHが弱酸性なので、本ごねで加える酵母が安定する。

ポーリッシュ種

あらかじめ小麦粉の一部に水とイーストを加えて発酵させる。これを本ごねで混ぜるが、その際小麦粉と水を同量にするのがポイント。液体に近いやわらかさで微生物が動きやすいため、酵母は少なめに加える。pHが弱酸性なので、本ごねで加える酵母が安定する。

〈発酵種の微生物と食感の関係〉

	かたい発酵種（中種）	やわらかい発酵種（ポーリッシュ種）
微生物 膨らみやすい単一酵母菌を使用	増殖しにくい	増殖しやすい
酵母菌の量	多い	少ない
グルテン骨格	強いままで本ごね	弱い状態で本ごね （グルテンが弱く、発酵に時間がかかる）
食感	均一でなめらか ふわふわに膨らむ	やや不均一 歯切れがよく、軽い仕上がり
向くパン	食パン、バターロールなど	皮にこだわったハードトーストなど

〈中種を使ったパンの配合例〉

粉の一部に水とイーストを混ぜて発酵させてから、残りの材料を加えて生地を作ります。
2回に分けて混ぜることで、グルテンの伸展性がよくなって、安定したパンができます。

中種（食パンの場合）

中種は中種で使う粉と、本ごねで使う粉の量の合計から、他の材料の分量を算出するので、レシピ例で数値（ベーカーズ%）を示します。

☐ 中種

		ベーカーズ%
強力粉（はるゆたかブレンド）	180g	60
インスタントドライイースト	1.6g	0.6
水	108g	36
Total	289.6g	96.6

☐ 本ごね生地

		ベーカーズ%
強力粉（はるゆたかブレンド）	120g	40
インスタントドライイースト	0.6g	0.2
塩	4.8g	1.6
きび砂糖	30g	10
全卵	30g	10
牛乳	30g	10
水	48g	16
バター（食塩不使用）	30g	10

＊ちなみにこのレシピでパンを作る場合のこね上げ温度は27℃、一次発酵30℃で20分、ベンチタイム10分、最終発酵35℃で40分、焼成は200℃。

Total	293.4g	97.8

こね上げ温度23℃／容器に中種の材料をすべて入れてよく混ぜ、30℃で30分発酵させる。

中種完成。

〈ポーリッシュ種を使ったパンの配合例〉

事前に発酵させることで、生地の伸展性や味がよくなります。グルテン骨格が弱く切れやすいので、ザクザクパンができます。

ポーリッシュ種（食パンの場合）

ポーリッシュ種も中種と同様、ポーリッシュ種で使う粉と、本ごねで使う粉の量の合計から、他の材料の分量を算出するので、レシピ例で数値を示します。

☐ ポーリッシュ種

		ベーカーズ%
強力粉（春よ恋）	90g	30
インスタントドライイースト	0.3g	0.1
水	108g	36
Total	198.3g	66.1

☐ 本ごね生地

		ベーカーズ%
強力粉（はるゆたかブレンド）	210g	70
インスタントドライイースト	0.6g	0.2
塩	6g	2
きび砂糖	9g	3
モルト（希釈）	3g	1

＊モルト：水＝1：1で希釈する。

水	108g	36
ショートニング	9g	3

＊ちなみにこのレシピでパンを作る場合のこね上げ温度は26℃、一次発酵28℃で30分、パンチ、28℃で2時間発酵、ベンチタイム15分、最終発酵30℃で2時間、焼成は210℃。

Total	345.6g	115.2

こね上げ温度23℃／容器にポーリッシュ種の材料をすべて入れてよく混ぜ、28℃で5時間発酵させる。

ポーリッシュ種完成。

Cタイプ 酸味にこだわる発酵

人間にとっていい微生物とは、自然酸化作用をもつ微生物です。ほうっておくと乳酸菌が増えて自然に酸っぱくなります。**乳酸菌が増えると相乗作用で酵母菌も増えます。**すると酵母菌が作り出すアルコールをえさにして酢酸菌が増え、乳酸菌よりもっと酸性のところで元気になります。**酸味があると発酵種が汚染されにくく、できたパンもかびにくく、腐敗しにくくなります。**乳酸菌を意識する場合、発酵種によって差はありますが、それぞれかたい発酵種かやわらかい発酵種かで特徴が異なります。これらを比べてみると、微生物の増殖のし方で酸味の感じ方が大きく変わってくることがわかります。好みの酸味にするには微生物の調整が必要になります。

〈発酵種の種類〉

フルーツ種

一般にフルーツと水、場合によっては砂糖も使っておこした酵母のこと。酸味が少なく、シュワシュワと発酵する泡が見えやすいのが特徴。フルーツはフレッシュでもドライでもOK。ただし、ドライフルーツの場合は、オイルコーティングしていないものを選ぶこと。

ヨーグルト種

ヨーグルトに水、場合によっては小麦全粒粉を加えておこした酵母のこと。ヨーグルトのやさしい酸味が感じられ、発泡力が強いのが特徴。ヨーグルトはプレーンタイプ（pH調整剤が入っていないもの）を選ぶこと。

酒種

生米、炊いたご飯、酒粕または米麹、水を使っておこした酵母のこと。日本ではなじみのある酵母で、日本酒を思わせるようなアルコール臭、ほんのりとした甘みと酸味がある。酒粕は水に溶けにくいので、しっかり混ぜることが大切。

サワー種

ライ麦粉や小麦粉を使っておこした酵母のこと。培地にした粉（ライ麦粉や小麦粉）や気候風土によって生育する菌が異なり、しっかりとした酸味がある。ヨーロッパなどでは、こだわりのパン作りで使用されているおなじみの発酵種。

ホップス種

ビールの原料で知られるホップスの煮汁を使い、小麦粉、マッシュポテト、りんごのすりおろし、場合によっては砂糖、米麹、水を使っておこした酵母のこと。ビールと日本酒を組み合わせたようなもので、酸味のほかに、ほのかな甘みと苦みがある。

〈発酵種の微生物と食感の関係〉

	かたい発酵種 (サワー種TA*1 160／フルーツ種)	やわらかい発酵種 (サワー種TA200／フルーツ種)
微生物	増殖しにくい	増殖しやすい シャバシャバなので微生物が動きやすい 多種多様の微生物を使用できる
酸味	ゆっくりと好みの味になる	早く好みの味になる
注意点	酸味が強くなりすぎる リフレッシュ*2期間はやや長め 毎日匂いを嗅いで酸味を確認する	微生物が増殖しすぎる 酸っぱくなりすぎたり、 好みでない酸味になるので、 短期間でリフレッシュする

*1 TAとは生地のかたさの度合いで、粉を100としたとき、加えた水との総量を数字で表したもの。数字が大きいほどやわらかい。TA150〜160はかたく、TA170はまあまあかたい、TA180からやわらかくなり、TA220でおかゆくらいのやわらかさ。

*2 リフレッシュとは、乳酸菌が増えすぎた種を少し取り出して、粉と水で薄めること。これで微生物が元気になる。

〈発酵種の発酵温度による酸味の違い〉

すべての発酵種の酸味は発酵温度で変わります。それは産生した乳酸と酢酸のバランスによるため。同じpHでも酸味の感じ方が異なります。パン作りで好みの酸味を出すために知っておきましょう。

発酵温度	乳酸と酢酸のバランス	味
28〜35℃	乳酸が多い	弱い酸味
20〜28℃	乳酸と少なめの酢酸	やや弱い酸味
〜20℃	乳酸と多めの酢酸	強い酸味

〈発酵種と有名な地域〉

発酵種はその場所の気候風土などによって、元気度が異なるので、全世界で知られているものと、特定の国でよく知られているものがあります。

発酵種の種類	有名な地域
フルーツ種	世界中
酒種	日本
ホップス種	イギリス、日本
ヨーグルト種	日本（家庭製パン）
サワー種（パネトーネ種）	イタリア
サワー種（ルヴァン種）	フランス
サワー種（ホワイトサワー種）	アメリカ
サワー種（ライサワー種）	ドイツ

〈ロティ・オランの考える発酵種と粉の相性〉

粉はパン作りの主役です。それぞれの発酵種にあった粉を使えば自分好みのパンができます。小麦100%の場合、小麦全粒粉やライ麦粉を含む場合の発酵種との相性を表にしたので、パン作りをするときに参考にしてください。1種ならその発酵種の香り、風味、食感を楽しむことができ、2種以上を組み合わせると複雑になります。ただし、複雑になるというのは、味に深みを増す場合もありますが、逆に残念な味になることもあるので注意が必要です。

粉の種類	小麦粉			小麦全粒粉		ライ麦粉			
粉の割合	100%			〜10%	10%〜	〜20%	20%〜50%	50%〜80%	80%〜
灰分量の割合	〜0.4	0.4〜0.5	0.5〜						
フルーツ種	◎	◎	◎	○	○	○	△	-	-
ヨーグルト種	△	△	○	○	○	○	△	-	-
酒種	◎	◎	○	○	○	△	-	-	-
ルヴァン種	△	○	○	○	◎	◎	○	○	-
ライサワー種	-	-	△	△	○	○	○	◎	◎
ホップス種	◎	◎	○	○	△	△	-	-	-

酵母を知る

発酵種で
パンを焼く

パン作りを始める前に知っておくこと

〈種おこし〉

種は発酵菌の働きやpH、酸素の有無などで、加えたえさ（粉）が発泡力や旨み、酸味に変化していきます。このことを理解した上で種おこしを行えば、目的のパンにあった種を作ることができます。

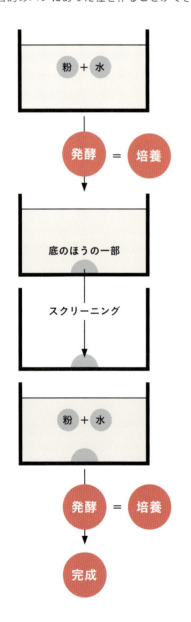

混ぜる

水、えさ（粉）、温度、pH、酸素を与えて発酵を促す。

発酵

材料に含まれていた菌、もしくは空中落下菌の中で、発泡力のある酵母菌を含む発酵菌を培養する。培養とは微生物を増殖させること。

スクリーニング

発酵において、必要な微生物を選別すること。

種つぎ

スクリーニング＆培養した種の状態を維持すること。

〈本ごね生地〉

種おこしをして発酵種ができたら、本ごね生地を作ります。パン作りのメインとなる工程の作業ではいろいろな用語が出てくるので、その意味を知った上で作業しましょう。

ベーカーズ％

材料の分量を示すとき、粉の量を100％とし、その他の材料を粉の量に対する割合で示すのがベーカーズ％（国際表示で確立）です。材料全体に対しての割合ではないので、合計すると100％を超えています。これはパンの配合で最も多いのが粉なので、基準にするのに適しているから。ベーカーズ％があると、少量の生地でも大量の生地でも、材料の分量が簡単に割り出せます。

例えば強力粉100％、砂糖5％とすると、

100gの粉を使うなら砂糖は $100 \times 0.05 = 5g$
1000gの粉なら砂糖は $1000 \times 0.05 = 50g$

と計算すればいいのです。

外割と内割

外割とはベーカーズ％のこと。粉の量を100％としたときの材料の割合です。内割とは材料全体の量を100％としたときの各材料の割合で、パン作りでは材料表の粉の割合だけを内割100％で表示するのが通常です。

ミキシング

材料をこね上げる作業のこと。粉の種類によって状態が異なるため、それぞれにあった力の入れ方でこねて、均一の状態にします。

こね上げ温度

酵母は酵素が分解したえさを食べて元気になります。酵母と酵素が両方とも元気であれば、生地は縦にも横にも膨らんでおいしいパンになるため、酵母と酵素が元気に働くための温度がとても大切です。ミキシング後の生地に食品温度計を刺して、温度を確認します。

一次発酵

こね上げた生地に含まれている酵母が、グルテン骨格の間に炭酸ガスの気泡を作っていく過程。酵母はまわりに酸素があると呼吸しながら糖を分解して主産物である炭酸ガスをたくさん作ると同時に、風味や旨み、香り成分などの副産物をほんの少し作ります。そして炭酸ガスが増えすぎてくると元気がなくなり、アルコール発酵に切り替えて糖を分解していき、副産物を徐々に蓄積します。ポイントは**ふわふわパンにするなら、酵母を元気にするプロセスを重視し、旨みが強くしっかりしたパンを作るなら、副産物の蓄積を促す工程を重視する**ことです。

パンチとタイミング

こね上げから分割まで（一次発酵）の工程でパンチを行います。この間の生地の状態とパンチのタイミングが大切なわけを知っておきましょう。

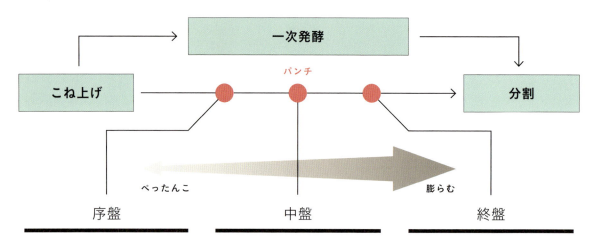

序盤
こね上げ後、まだ気泡ができていない状態で行うパンチは、グルテンの強化を目的とします。

中盤
グルテンを強化します。酵母が元気に働いて気泡が多くなるのは炭酸ガスが多くなっている証拠。酵母は力が低下し、呼吸からアルコール発酵に切り替えます。そこで、再度呼吸を導くためにパンチをして炭酸ガスを抜きます。

終盤
グルテンの強化と酵母を元気にします。生地の発酵はこね上げ後から外部温度と生地温度のズレが始まっているため、一次発酵の後半になればなるほど、気泡の大きさがずれてきます。そこで生地の内側を外に出して薄くしたあとに折り返すパンチを行って、温度の均一化と気泡の均一化を促します。

分割・丸め

1つひとつのパンの形と重さをそろえて、一次発酵でずれたグルテン骨格のゆるみや気泡の大きさをそろえるために行います。目的の形に伸ばしやすいようにグルテンの向きをそろえ、成形のときの力に耐えられるような強い骨格にします。

最終発酵

一次発酵と似ていますが、成形でととのえた気泡とグルテン骨格をさらに伸ばして、目的の食感と風味、旨み、香りを決める最後の工程です。

ベンチタイム

分割・丸めでととのえた気泡は、再びずれながら大きくなり、強くしたグルテン骨格も少しほぐれてきます。伸びやすく成形しやすい状態にするために生地を少しゆるませる工程です。

焼成

焼成はパンを伸ばす時間と固める時間とに分けて考え、最終発酵で生地がどのくらい膨らんだか（膨張率）で温度や時間が異なります。ここでいう生地とはこね上げ直後の生地で、気泡がまだできていない状態。この生地を1として、最終発酵で膨らんだ生地の倍率を考えます。

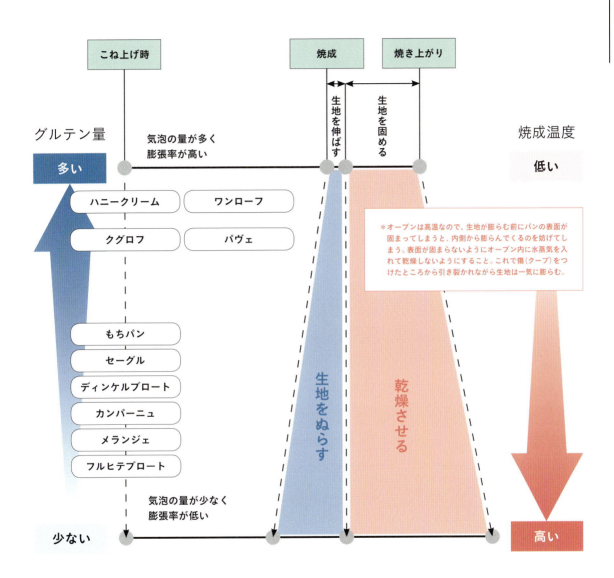

こね上げ時にグルテン量が多い生地

最終発酵で生地を目いっぱい膨らませ、グルテンがしっかりゆるんでから焼成する。生地は薄い膜状になっているため、焼成温度はやや低め。まずグルテン（たんぱく質）が熱変性で壊れてパンの骨格が固まり、次にたくさんの気泡に熱が伝わってさらに生地が膨らみ、でんぷんがしっかりとα化（＝糊化）して水分を含んだ状態で短時間で焼き上がる。

こね上げ時にグルテン量が少ない生地

最終発酵で生地を目いっぱい膨らませないで、ある程度グルテンがゆるんだら表面に少し傷（クープ）をつけて焼成する。生地は厚めの膜状になっているため、焼成温度は高温。生地に熱が伝わりにくくグルテン（たんぱく質）が熱変性で壊れにくいため、パンの骨格が固まるのに時間がかかる。気泡にも熱が伝わりにくく生地はゆっくり膨らみ、でんぷんがしっかりとα化して水分を含んだ状態で、焼き上がるのに長時間かかる。

種おこしとは

発酵ができる微生物を増やすことです。微生物は自然界から採取しますが、この中には雑菌も入っています。そこで、培養して微生物を増やし、選別（＝スクリーニング）を繰り返して、乳酸菌と酵母菌を増やします。**乳酸菌が多くなったことを確認する方法は、匂いを嗅ぐこと。酸っぱい匂い（香りのいいぬか漬けのような匂い）がしたら増殖した証拠**です。酵母菌の増殖は、気泡が確認できればいいのですが、できない場合もあるので、やはり匂いを嗅いで確認するのが一番です。

〈発酵種の環境条件〉

パン作りで狙いたい微生物は、発泡力のある酵母菌、発酵食品中に存在する乳酸菌各種、そして一部のかび、場合によっては酢酸菌です。微生物は空気中のどこにでも漂っているものですが、パン作りに利用したい微生物は一体どこで見つけられるのでしょう？　そのヒントは身近な発酵食品を作る工程にあります。そこでは腐敗を抑えるようなプロセスが組み込まれていて、6つのキーワードで発酵種菌に適した環境が考えられています。

① バリア

必要な菌の数を増やして、そのほかの菌を少なくする。数が多いことでそのほかの菌が入り込まないようにバリアを作る。

② えさ（栄養）

それぞれの発酵種菌は増えるためのえさが何であるかで、増え方が変わってくる。

③ 温度

発酵種菌にはそれぞれ生息しやすい温度がある。パン作りで発酵を行うときは、その菌にあった温度を設定することが大切。

④ pH（ペーハー）

発酵種菌にはそれぞれ生息しやすいpHがある。pHを左右するような材料を加える場合は、発酵種菌にとって適しているかどうかを考える。

⑤ 酸素

発酵種菌には酸素が必要なものと、必要でないものがある。それを知った上で酸素を供給するか遮断するかを決める。

⑥ 浸透圧

発酵種菌には浸透圧に強いものと弱いものがある。塩分濃度、砂糖濃度、アルコール濃度などで、それぞれの発酵種菌が増殖する浸透圧にする。

種おこしとは

フルーツ種

一般にフルーツと水、場合によっては砂糖も使っておこした酵母のこと。
酸味が少なく、シュワシュワと発酵する泡が見えやすいのが特徴です。

〈フルーツ種の環境条件〉

① バリア
甘い果実には発酵種菌がもともと多くついているのでクリア。

② えさ（栄養）
フルーツには糖分が多いのでしっかりと水に溶けて拡散するようにつぶす。レモンのように糖度が低かったり、ドライフルーツのようにつぶしにくい果実は糖を添加する。

③ 温度
発酵種菌の中でも酵母菌を主役として増やすため、25〜35℃が適温。

④ pH（ペーハー）
弱酸性に傾けると酵母菌が増えやすいので、酸味のある果物がよい。

⑤ 酸素
考え方は2通り。
○酸素を供給して、酵母菌のエネルギー効率を優先させ、酵母菌の増殖を促す。このときは、炭酸ガスを多く発生する。
○酸素を遮断し続け、乳酸菌と酵母菌の優位な環境を作って増殖させる。

⑥ 浸透圧
浸透圧によるコントロールは、考慮しない。

〈フルーツ種のおこし方〉

フルーツ種（フレッシュ）

ぶどう ……………………… 200g
水 ………………………… 100g

混ぜ上げ温度 **28℃**　発酵温度 **28℃**

容器に材料をすべて入れてよく混ぜ（混ぜ上げ温度28℃）、28℃の発酵器に入れて12時間おきに攪拌する。

細かい気泡が立ってきたら完成。冷蔵庫で1か月間保存可能。

フルーツ種（ドライ）

ドライレーズン（オイルコーティングしていないもの）
　……………………… 100g
水 ………………………… 300g

混ぜ上げ温度 **28℃**　発酵温度 **28℃**

容器に材料をすべて入れてよく混ぜ（混ぜ上げ温度28℃）、28℃の発酵器に入れて12時間おきに攪拌する。

細かい気泡が立ってきたら完成。冷蔵庫で1か月間保存可能。

フルーツ種（フレッシュ）で
セーグル

ライサワー種ではなく、小麦とフルーツ由来の発酵種菌をあわせることで、
ライ麦本来の香りを生かしながら、小麦の旨みも味わえる酸味の少ないパン。
熟成が進んだチーズや、クセのある料理とあわせるのがおすすめ。

| 材料 | 2個分 |

☐ **ポーリッシュ種**

		ベーカーズ%
強力粉（春よ恋）	30g	10
フルーツ種（フレッシュ）P39	30g	10
Total	60g	20

☐ **本ごね生地**

		ベーカーズ%
粗挽きライ麦全粒粉	15g	5
細挽きライ麦全粒粉	60g	20
準強力粉（タイプER）	195g	65

＊粉類はポリ袋に入れる。

ポーリッシュ種（上記）	60g	20
海人の藻塩	6g	2
モルト（希釈）	3g	1

＊モルト：水＝1：1で希釈する。

水	195g	65
Total	534g	178

打ち粉（強力粉） ……… 適量
粗挽きライ麦全粒粉（仕上げ用） ……… 適量

| 工程 |

ポーリッシュ種
　28℃で4〜5時間
↓
本ごね
↓
ミキシング
　こね上げ温度24℃
↓
一次発酵
　28℃で1時間
↓
パンチ
　冷蔵庫でひと晩
↓
分割・丸め
　2等分
↓
ベンチタイム
　室温で10分
↓
成形
↓
最終発酵
　28℃で20分
↓
焼成
　230℃（スチームあり）で10分
　→250℃（スチームなし）で約20分

| ポイント |

小麦の旨みを少し加えるため、フルーツ種をポーリッシュ種に変化させる。発泡力が増して酸味が強くなる前に生地を膨らませるため、高めの温度に設定したポーリッシュ種を使う。早く膨らんでやさしい酸味になる。

☐ ポーリッシュ種を作る

混ぜる
1. 保存瓶にフルーツ種を入れて粉を加える。
2. 粉気がなくなるまでゴムべらで混ぜる。

発酵
3. ふたをして28℃で4〜5時間発酵させる。
4. 発酵後。

☐ 本ごね生地を作る

ミキシング
4. ボウルに分量の水と塩を入れてゴムべらで混ぜ、モルトを加えて混ぜる。
5. ポーリッシュ種を加える。
6. 粉類が入ったポリ袋をふって、よく混ぜる。
7. 5に6を加える。

8. 下からすくって返しながら、粉気がなくなるまで混ぜる。
9. 台に出す。
10. 生地を奥側から手前にカードですくう。

フルーツ種（フレッシュ）／セーグル

11
向きを変える。

12
生地を持って台に打ちつける。

13
こね上げ温度 24℃
2つに折る。10〜13を6回×3セット行う。

14
一次発酵
容器に入れてふたをし、28℃で1時間発酵させる。

15
発酵後。

パンチ
容器の壁面にカードを差し込んで生地をすくう。

16
中央に向かって折る。

17
反対側も同様にして折る。

18
残りの2辺も同様にして折る。

19
ポリ袋を生地にぴったりと密着させる。ふたをして冷蔵庫でひと晩休ませる。

発酵後。

20
分割・丸め
ポリ袋をやさしくはがす。

43

 21	 22	 23	 24
打ち粉を台と生地に軽くふる。	容器の4つの壁面にカードを差し込んで容器をひっくり返し、生地を台に出す。	カードで半分にカットし、計量して同量にする。	右手で左下角、左手で右下角を持つ。
 25	 26	 27	 28
クロスした手を戻して生地をひねる。	生地の下側を持って、奥側に向かって巻く。	とじ目を下にする。もう1つも同様に行う。	**ベンチタイム** ▶ ぬれぶきんをかけて、室温で10分休ませる。
 29	 30	 31	 32
成形 ▶ 台に多めに打ち粉をふり、生地をひっくり返してのせる。	手で軽くならして四角にし、右下角を中央に向かって折る。	左下角を中央に向かって折る。	下側を中央に向かって折る。

右上角、左上角も 30〜31と同様にして折る。	親指で中央を押さえ、手前に2つ折りにする。	右手のつけ根でとじ目を押さえる。	打ち粉を台にたっぷりふり、生地を転がして粉をまぶす。

最終発酵

焼成

オーブンシートにとじ目を下にしてのせる。もう1つも同様に行う。	28℃で20分発酵させる。	発酵後。	茶こしで粉（粗挽きライ麦全粒粉）をふる。

クープナイフで中央に1本、それぞれ切り込みを入れる。	250℃に予熱したオーブンに、板にのせたシートをすべらせて天板に入れる。	オーブンの内壁に霧吹きを5回かける。230℃（スチームあり）で10分、向きを変えて250℃（スチームなし）で約20分焼く。

フルーツ種（ドライ）で
メランジェ

小麦、ライ麦、はちみつ、乳、フルーツのすべての味が引き立つように考えたパン。
やさしい酸味とシナモンやクローブのアクセントが一体感を増す生地に。
こねてからじっくりと発酵させましょう。

| 材料 | パウンド細型2台分 |

		ベーカーズ%
準強力粉（タイプER）	240g	80
小麦全粒粉	30g	10
粗挽きライ麦全粒粉	30g	10
＊粉類はポリ袋に入れる。		
フルーツ種（ドライ）P39	30g	10
A		
海人の藻塩	6g	2
はちみつ	30g	10
牛乳	30g	10
煮つめた赤ワイン	120g	40
＊鍋に赤ワイン200gを入れて火にかけ、アルコールを飛ばす。でき上がり約160g。		
水	75g	25
シナモンパウダー	0.9g	0.3
アーモンドダイス	30g	10
アーモンドホール	30g	10
フルーツ漬け	120g	40
＊保存瓶にオーガニックレーズン100g、サルタナレーズン100g、ドライアップル50g、ブランデー50g、クローブ（ホール）6粒を入れ、2日以上漬け込む。		
Total	771.9g	257.3
打ち粉（準強力粉）	適量	

| 工程 |

ミキシング
こね上げ温度23℃

一次発酵
18℃で15時間

分割、成形
皮生地と本体生地各2等分

最終発酵
室温で5〜10分

焼成
230℃（スチームあり）で10分
→250℃（スチームなし）で15分

| ポイント |

フルーツ種の液体を使うので、生地が膨らむのに時間がかかる。小麦とライ麦をじっくりと変化させて旨みに変えるため、冷暗所で一次発酵を行うこと。長時間の一次発酵は生地がゆるみすぎてつぶれやすいが、パウンド細型を使えば防げる。

フルーツ種（ドライ）／メランジェ

1 ミキシング
ボウルにAと水を入れてゴムべらで混ぜ、フルーツ種を加えてよく混ぜる。

2 粉類が入ったポリ袋にシナモンパウダーを加え、ふってよく混ぜる。

3 1に2を加える。

4 アーモンドダイスを加える。

5 下からすくって返しながら、粉気がなくなるまで混ぜる。

6 皮生地180gを計量して容器に取り出す。

7 6の表面をゴムべらで平らにならす。

こね上げ温度 23℃

8 一次発酵（皮生地）
ふたをして18℃で15時間発酵させる。発酵させはじめたらすぐに9からの作業を進める。

発酵後。

9 6でボウルに残った本体生地にアーモンドホールを加える。

10 フルーツ漬けを加える。

| 11 ゴムべらで混ぜる。 | 12 生地を半分に切る。 | 13 重ねる。 | 14 12〜13を8回繰り返す。 |

こね上げ温度 23℃
15 別の容器に入れ、表面をゴムべらで平らにならす。

一次発酵(本体生地)
16 ふたをして18℃で15時間発酵させる。

発酵後。

分割、成形
17 台に打ち粉をたっぷりふる。

18 皮生地の表面にも打ち粉をたっぷりふる。

19 容器の4つの壁面にカードを差し込む。

20 容器をひっくり返し、皮生地を台に出す。

21 カードで皮生地を半分にカットし、計量して同量にする。

22 再び台と本体生地に打ち粉をたっぷりふる。

23 容器の4つの壁面にカードを差し込む。

24 容器をひっくり返し、本体生地を出す。

25 カードで本体生地を半分にカットし、計量して同量にする。

26 本体生地を横向きに置く。

27 手前から奥側にやさしくひと巻きする。

28 とじ目を下にする。もう1つの本体生地も同様にして巻く。

29 皮生地のほうに打ち粉をたっぷりふる。

30 手で軽く押さえながら約15cm角に伸ばす。

31 皮生地の表面に霧吹きをかけてぬらす。

32 **28**の本体生地の粉を払う。

33 **31**の手前にのせ、皮生地で本体生地を包むようにして巻く。

両端を指で押さえてとじる。

再度台に打ち粉をたっぷりふり、**34**を転がして粉をたっぷりまぶし、型のサイズに長さをととのえる。

とじ目を下にして型に入れる。もう1つも同様に行う。

最終発酵

クープナイフで中央に1本、深く切り込みを入れる（5〜8mm深さ）。もう1つも同様に行う。室温で5〜10分休ませる。

焼成

250℃に予熱したオーブンに入れる。

オーブンの内壁に霧吹きを10回かける。230℃（スチームあり）で10分、向きを変えて250℃（スチームなし）で15分焼く。

酒種

生米、炊いたご飯、米麹、水を使っておこした酵母のこと。
日本酒を思わせるようなアルコール臭があり、
ほんのりとした甘みと酸味があります。

〈酒種の環境条件〉

① バリア
麹かび菌でバリアを作る。

② えさ（栄養）
麹かび菌がでんぷんを糖化したもの。

③ 温度
酵母菌を優位にしたいので、高めの設定（28〜35℃）にする。

④ pH（ペーハー）
もともと酸性のものを作ろうとしていないので、考えなくてよい。

⑤ 酸素
酸素がある環境を好むのでかき混ぜる。

⑥ 浸透圧
腐敗菌が増える場合は、塩1〜2％を加えて抑える。

〈酒種のおこし方〉

酒種には、酒粕スタートと米麹スタートがある。酒粕スタートは、すでに酵母菌がプラスされている状態で育てる。米麹スタートは酵母菌をつかみながら育てる。

酒種（酒粕）

	1回目	2回目
酒粕	50g	—
水	200g	—
炊いたご飯	—	50g
前回の種	—	1回目の全量

混ぜ上げ温度 24℃
発酵温度 28℃

1回目

容器に酒粕と分量の水を入れ、泡立て器でよく混ぜる（混ぜ上げ温度24℃）。28℃の発酵器に入れて、1日3回攪拌する。1回目の終わりは、気泡が少しだけ出てくる（細かくなくてよい）。

2回目

1回目の液にご飯を加え、泡立て器でよく混ぜる（混ぜ上げ温度24℃）。28℃の発酵器に入れて、1日3回攪拌する。2回目の終わりは、ご飯が溶けてきて、細かい気泡が立ってくる。これで完成。冷蔵庫で1〜2日保存可能。

酒種（米麹）

	1回目	2回目	3回目	4回目
米	50g	—	—	—
炊いたご飯	20g	100g	100g	100g
米麹	50g	40g	20g	20g
前回の種	—	40g	40g	20g
水	100g	80g	60g	60g

混ぜ上げ温度 **24℃**　発酵温度 **28℃**

1回目

容器に米、ご飯、米麹、分量の水を入れて泡立て器でよく混ぜる（混ぜ上げ温度24℃）。28℃の発酵器に入れて、1日3回攪拌する。1回目の終わり（約2日）は、少量の気泡が出てくる。香りは最初と変わらない。

2回目

1回目の種の内側から必要量を取り出す。別の容器に1回目の種、ご飯、米麹、分量の水を入れてよく混ぜ、28℃の発酵器に入れて、1日3回攪拌する。2回目の終わり（約2日）は、1回目より気泡が多くなる。香りは1回目と変わらない。

3回目

2回目の種の内側から必要量を取り出す。別の容器に2回目の種、ご飯、米麹、分量の水を入れてよく混ぜ、28℃の発酵器に入れて、1日3回攪拌する。3回目の終わり（約1日）は、細かい気泡が出てくる。アルコール臭を感じる。

4回目

4回目も同じように行う。4回目の終わり（約1日）は、3回目よりさらに細かい気泡が多くなり、日本酒のようなアルコール臭を感じる。これで完成。冷蔵庫で3〜4日間保存可能。

酒種（酒粕）で
もちパン（チャバタ風）

おもちのような小麦のパン。日本酒を思わせるような旨み＆風味があります。
焼き立てに黒みつきなこや砂糖じょうゆなどをつけて楽しんで。
おもちにはない発酵の旨みを味わえます。

| 材料 | 6個分 |

☐ 中種

		ベーカーズ%
強力粉（春よ恋）	120g	60
酒種（酒粕）P52	20g	10
水	60g	30
Total	200g	100

☐ 本ごね生地

		ベーカーズ%
強力粉（キタノカオリ100）	80g	40
中種（上記）	200g	100
海人の藻塩	4g	2
水	120g	60
Total	404g	202

打ち粉（小麦粉） ……… 適量

| 工程 |

中種
混ぜ上げ温度26℃
30℃で約1.5倍になるまで発酵
→冷蔵庫でひと晩

本ごね

ミキシング
こね上げ温度25℃

一次発酵
28℃で15分

パンチ1回目
28℃で15分

パンチ2回目
28℃で15分

パンチ3回目
容器に入れて28℃で2時間

成形

分割
6等分

焼成
250℃（スチームあり）で9分
→250℃（スチームなし）で15分

| ポイント |

酒粕は発泡力は強いけれど、麹かび菌のでんぷん分解酵素が強く働くので、生地がだれやすくなる。強く触りすぎないことと、生地がゆるんできたタイミングでゴムべらによるパンチを複数回行ってボリュームのあるパンにする。

☐ 中種を作る

1 混ぜる ▶ **混ぜ上げ温度 26℃**
保存瓶に材料をすべて入れ、粉気がなくなるまでゴムべらで混ぜる。

2 発酵 ▶
ふたをして30℃で約1.5倍になるまで発酵させる。

発酵後。そのあとは冷蔵庫でひと晩休ませる。

☐ 本ごね生地を作る

3 ミキシング
ボウルに水と塩を入れてゴムべらで混ぜる。

4
中種を手でちぎって加える。

5
粉を加える。

6
下からすくって返しながら、粉気がなくなるまで混ぜる。

こね上げ温度 25℃

7 一次発酵
28℃で15分発酵させる。

発酵後。

8 パンチ
ゴムべらを中央まで差し入れる。

酒種（酒粕）／もちパン（チャバタ風）

ゴムべらを回しながら、生地をぐるぐる巻きつける。

全体に巻きつけたら、指を添わせてゴムべらを抜く。

   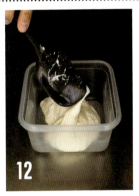

8～10を15分おきに3回繰り返す。

容器に入れる。

28℃で2時間発酵させる。

発酵後。

成形

台に打ち粉を多めにふる。

生地にも打ち粉を多めにふる。

57

容器の4つの壁面にカードを差し込む。　　　　　　　容器をひっくり返し、生地を台に出す。

左右から三つ折りにし、手前から奥側⅓のところに折って粉を払う。　奥側から手前に折る。

粉の上を転がす。　　とじ目を下にして置く。　**分割** 約15cm角に広げ、対角線にカットする。

酒種（酒粕）／もちパン（チャバタ風）

| それぞれ3等分にカットする。 | **焼成** ▶ オーブンシートを敷いた板にのせる。 | それぞれ中央にクープナイフで切り込みを1本入れる。 | 250℃に予熱したオーブンに、板からシートをすべらせて天板に入れる。 |

オーブンの内壁に霧吹きを5回かける。250℃（スチームあり）で9分、向きを変えて250℃（スチームなし）で15分焼く。

酒種（米麹）で
ハニークリーム

はちみつや生クリームとあわせて歯切れのよいパウンドケーキを思わせるようなパン。
米由来の旨みと甘酒に似た甘さをもった、発泡力の強い発酵種を使います。
トーストやジャムなどと併せておやつ代わりに楽しんで。

| 材料 | パウンド細型2台分 |

		ベーカーズ%
強力粉（春よ恋）	250g	100
酒種（米麹）P53	25g	10
A		
海人の藻塩	5g	2
はちみつ	37.5g	15
生クリーム（乳脂肪分35%）	100g	40
水	100g	40
バター（食塩不使用）	25g	10
*室温に戻す。		
Total	542.5g	217
打ち粉（強力粉）	適量	

工程

ミキシング
こね上げ温度23℃

一次発酵
28℃で20分

パンチ
18℃で8～10時間

分割・丸め
2等分

ベンチタイム
室温で10分

成形

最終発酵
35℃で1～2時間

焼成
200℃（スチームなし）で15分
→200℃（スチームなし）で5分

ポイント

糖度が高く、生クリームも多く配合されている生地なので、発泡力の高い酒種を使用すると、しっとりとしたふんわりパンが作れる。グルテン骨格は弱いので、分割・丸めのときに複数回、しっかりひねることで生地を強くする。

ミキシング

1. ボウルにAを入れてゴムべらで混ぜ、酒種を加える。
2. 粉を加える。
3. 下からすくって返しながら、粉気がなくなるまで混ぜる。

4. 台に出す。
5. 生地を奥側から手前にカードですくう。
6. 向きを変えて生地を持ち、台に打ちつける。
7. 2つに折る。5〜7を6回×4セット行う。

8. バターを細かくちぎってのせ、手で全体に伸ばす。
9. カードで半分に切る。
10. カードですくう。
11. 重ねる。

酒種（米麹）／ハニークリーム

手で押さえる。**9〜12**を向きを変えながら8回繰り返す。

生地を奥側から手前にカードですくう。

向きを変えて生地を持ち、台に打ちつける。

2つに折る。

こね上げ温度 23℃

13〜15を6回×3セット行う。

一次発酵

容器に入れ、ふたをして28℃で20分発酵させる。

発酵後。

パンチ

容器を斜めにして持ち、容器の角からゴムべらを中央まで差し入れる。

ゴムべらを回しながら、生地をぐるぐる巻きつける。

全体に巻きつけたら、指を添わせてゴムべらを抜く。

ふたをして18℃で8〜10時間発酵させる。

発酵後。

22

23

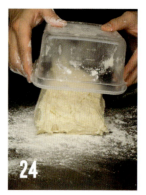
24

25

▶ 分割・丸め
台と生地の表面に打ち粉を多めにふる。

容器の4つの壁面にカードを差し込む。

容器をひっくり返し、生地を台に出す。

カードで半分にカットし、計量して同量にする。

26

27

28

29

右手で左下角、左手で右下角を持つ。

クロスした手を戻して生地をひねる。

生地の下側を持って、奥側に向かって巻き、とじ目を上にする。

向きを変えて、26〜28を同様に行う。

30

31

32

とじ目を下にして置く。もう1つも同様に行う。

▶ ベンチタイム
ぬれぶきんをかけ、室温で10分休ませる。

ベンチタイム終了後。

▶ 成形
台に打ち粉をふって、とじ目を上にして置き、手のひらで大きい気泡をつぶしながら約12cm角に伸ばす。

酒種（米麹）／ハニークリーム

手前から奥側1/3のところに向かって折る。	折ったところを手のつけ根で押さえる。	奥側から手前に折る。	折ったところを手のつけ根で押さえる。

奥側から手前に2つに折る。	折ったところを手のつけ根で押さえる。	台の上を転がして、20cm長さにする。

	最終発酵		焼成
とじ目を下にして型に入れる。もう1つも同様に行う。	35℃で1～2時間発酵させる。	発酵後。	200℃に予熱したオーブンに入れ、200℃（スチームなし）で15分、向きを変え200℃（スチームなし）で5分焼く。

ヨーグルト種

ヨーグルトに水、場合によっては小麦全粒粉を加えておこした酵母のこと。
ヨーグルトのやさしい酸味が感じられ、発泡力が強いのが特徴です。

〈ヨーグルト種の環境条件〉

① バリア

酵母菌は少ないが、乳酸菌が多いので乳酸菌バリアができる。

② えさ（栄養）

乳酸菌と酵母菌が食べやすい砂糖を少量添加する。

③ 温度

乳酸菌バリアを作りながら酵母菌も増やすため、高めの設定（28～35℃）にする。

④ pH（ペーハー）

ヨーグルトは強めの酸性からのスタートなので、希釈して弱酸性にする。

⑤ 酸素

容器の底に近いほうの乳酸菌の量は多い。酸素は必要ない。空気中のほかの菌が表面に繁殖しないように気をつける。

⑥ 浸透圧

腐敗菌の増殖は塩1～2%を加えて抑える。

〈ヨーグルト種のおこし方〉

ヨーグルト種（粉なし）

ヨーグルト（プレーン）……… 150g
はちみつ……………………… 15g
水……………………………… 150g

混ぜ上げ温度 **28℃** / 発酵温度 **28℃**

容器に材料をすべて入れてよく混ぜ（混ぜ上げ温度28℃）、28℃の発酵器に入れて12時間おきに攪拌する。

細かい泡が立って、pH4（ヨーグルト中のたんぱく質が凝固する）になったら完成。冷蔵庫で3〜4日間保存可能。

ヨーグルト種（粉あり）

ヨーグルト（プレーン）……… 100g
はちみつ……………………… 10g
水……………………………… 100g
小麦全粒粉…………………… 100g

混ぜ上げ温度 **28℃** / 発酵温度 **30℃**

容器にヨーグルト、はちみつ、分量の水を入れて泡立て器でよく混ぜる。小麦全粒粉を加えてさらに混ぜ（混ぜ上げ温度28℃）、30℃の発酵器に入れて12時間おきに攪拌する。

1〜2日で細かい泡が立ってpH4（ヨーグルト中のたんぱく質が凝固する）になったら完成。冷蔵庫で約1週間保存可能。

ヨーグルト種(粉あり)で
発酵菓子

菓子では扱いにくい酸味のある発酵種を使った日持ちする和風の発酵菓子。
濃く入れたお茶やエスプレッソなどと好相性。
中はずっしり、外はビスケットのようなカリッとした食感が楽しい。

材料　1個分

☐ 中種

		ベーカーズ%
準強力粉（タイプER）	25g	25
抹茶	5g	5
ヨーグルト種（粉あり）P67	60g	60
バター（食塩不使用）	10g	10
Total	100g	100

☐ 本ごね生地

		ベーカーズ%
強力粉（はるゆたかブレンド）	70g	70

＊粉はポリ袋に入れる。

中種（上記）	100g	100
A		
海人の藻塩	0.5g	0.5
きび砂糖	30g	30
発酵バター（食塩不使用）	45g	45
黒豆煮（市販）	80g	80
白いりごま	10g	10
Total	335.5g	335.5

打ち粉（強力粉） ………… 適量

工程

中種
　混ぜ上げ温度24℃
　30℃で90分発酵→冷蔵庫でひと晩
↓
本ごね
↓
ミキシング
↓
分割、成形
↓
最終発酵
　室温で5～10分
↓
焼成
　190℃で50分→冷凍庫

ポイント

酸味がしっかりとあるヨーグルト種を多く配合。焼き上げたときのpHを酸性に仕上げるので、かびがつきにくく、日持ちする。黒豆を焦がさないため、取り分けた皮生地で本体生地を巻く。

ヨーグルト種（粉あり）／発酵菓子

☐ 中種を作る

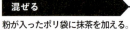

1 混ぜる
粉が入ったポリ袋に抹茶を加える。

2 ふってよく混ぜる。

3 ボウルにバターと 2 を入れて、指でバターをつぶしながら粉気がなくなるまで混ぜる。

混ぜ上げ温度 24℃

4 ヨーグルト種を加える。

5 ゴムべらでよく混ぜる。

6 容器に入れて表面を平らにならす。

7 ふたをして30℃で90分発酵させる。その後冷蔵庫でひと晩休ませる。

☐ 本ごね生地を作る

発酵後。

8 ミキシング
ボウルにAを入れ、ゴムべらで全体がなじむまでよくすり混ぜる。冷蔵庫で1～2時間冷やす。

9 粉が入ったポリ袋に白いりごまを加える。

ヨーグルト種（粉あり）／発酵菓子

ふってよく混ぜる。　別のボウルに10を入れ、中種を小さく切り分けて加える。　指でこすりあわせながら、白い粉が見えなくなるまで粉と中種を混ぜる。

8を小さく切り分けて加える。　指でこすりあわせながら粉気がなくなるまで混ぜる。　カードですくって台に出す。

手のつけ根で生地を少しずつ台にこすりつけながら、生地を白っぽくなめらかにする。　全体が白っぽくなめらかになって、自然に巻きついてきたら完了。

71

18 ひとまとめにする。

分割、成形

19 カードで皮生地100gを取り分ける。

20 手で皮生地を約12×10cmに伸ばす。

21 カードにのせて、冷蔵庫で5〜10分冷やす。

22 19で残った本体生地に黒豆を全体に広げてのせ、親指と人差し指でつまんで半分に切る。

23 重ねる。

24 やさしく押さえる。

25 22〜24を向きを変えながら8回繰り返す。

26 台の上を転がして12cm長さの円筒形にする。

27 台に打ち粉を軽くふる。

28 冷蔵庫から21の皮生地を出して台にのせる。

29 めん棒で12×15cmに伸ばす。

ヨーグルト種（粉あり）／発酵菓子

26を手前にのせる。

手前から奥側にすき間ができないようにして巻く。

両端を指で押さえてとじる。

台の上を転がして、15cm長さにする。

とじ目を下にしてオーブンシートにのせる。

最終発酵
天板にのせ、室温で5〜10分発酵させる。

焼成
190℃に予熱したオーブンに入れ、190℃で50分焼く。焼き上がったらすぐに冷凍庫でしっかり冷やし固める。保存するときはラップに包んで冷凍庫へ。保存期間は約1カ月。食べるときは冷蔵庫に移して2〜3時間解凍してから包丁でカットする。

ヨーグルト種（粉あり）で
クグロフ

ヨーグルト種を使用することで、ケーキとも菓子パンとも違う味わいに。
小麦と乳、それぞれが乳酸発酵した酸味と風味を存分に楽しんでください。

| 材料 | 内径12cmのクグロフ型2台分 |

		ベーカーズ%
強力粉（はるゆたかブレンド）	180g	100
ヨーグルト種（粉あり）P67	60g	33
A		
海人の藻塩	3g	1.6
メープルシロップ	40g	22
卵黄	40g	22
卵白	20g	11
マスカルポーネチーズ	40g	22
牛乳	40g	22
発酵バター（食塩不使用）	100g	55
＊室温に戻す。		
マロングラッセコンステラシオン	40g	22
＊マロングラッセを砕いたもの。		
ピーカンナッツ（ロースト）	20g	11
Total	583g	321.6

ココアパウダー	5g
打ち粉（強力粉）	適量
シロップ（仕上げ用）	適量

＊鍋に水：きび砂糖を1：1.3の割合で入れ、火にかけて溶かす。

工程

ミキシング
こね上げ温度23℃

一次発酵
18℃で15時間

分割、成形
2等分

最終発酵
35℃で90分

焼成
190℃で30分

ポイント

ケーキに近づけた配合だが、油脂量が多いため膨らみにくくなる。陶器のクグロフ型を使うことで、小さな気泡にもゆっくりと熱が入っていく。そのため生地は早く固まらないで、じっくりと窯伸びする。

ヨーグルト種（粉あり）／クグロフ

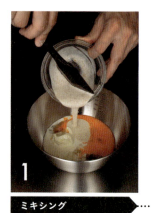 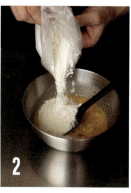  

ミキシング

ボウルにAを入れ、ヨーグルト種を加える。

ゴムべらで混ぜ、粉を加える。

下からすくって返しながら、粉気がなくなるまで混ぜる。

台に出し、奥側から手前にカードですくう。

向きを変えて生地を持ち、台に打ちつける。

2つに折る。4〜6を6回×3セット行う。

バターを生地にのせ、手で全体に伸ばす。

カードで半分に切る。

カードですくって重ねる。

手で押さえる。

8〜10を向きを変えながら8回繰り返す。

ヨーグルト種（粉あり）／クグロフ

生地を奥側から手前にカードですくう。	向きを変えて生地を持ち、台に打ちつける。	2つに折る。12〜14を6回×3セット行う。	生地を奥側から手前にカードで寄せ、一気に差し込んですくう。

向きを変えてまっすぐ落とす。	15〜16を10回×3セット行う。	ピーカンナッツを手で砕き、その上に生地をのせる。	マロングラッセを生地の表面に散らしてのせる（大きいものは砕く）。

   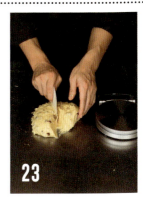

カードを生地に差し込んで持ち上げる。	向きを変えてそのまままっすぐ落とす。20〜21を10回×2セット行う。	生地の表面にピーカンナッツが浮いてきたら完了。	カードで半分にカットし、計量して同量にする。

77

24

1つの生地にココアパウダーをふる。

25

手を回しながら、生地にココアパウダーを混ぜ込む。

26

生地をカードで奥側から手前に寄せ、一気に差し込んですくう。

27

> こね上げ温度 23℃

そのまままっすぐ落とす。**26**～**27**を10回行う。

28

▶ 一次発酵

容器に**27**と、**23**で残したもう1つの生地を入れ、ふたをして18℃で15時間発酵させる。

発酵後。

29

▶ 分割、成形

台と生地の表面に打ち粉を多めにふる。

30

容器の4つの壁面にカードを差し込む。

31

容器をひっくり返し、生地を台に出す。

32

カードで生地を半分に切る。

33

それぞれココア生地をプレーン生地に折り重ねる。

34

手のひらで押さえて、約15cm角に伸ばす。

ヨーグルト種（粉あり）／クグロフ

粉を払いながら、手前から奥側に巻く。もう1つも同様にして巻く。

とじ目を上にして、手で押さえる。

右手で左下角、左手で右下角を持つ。

クロスした手を戻して生地をひねる。

生地の下側を持って、奥側に向かって巻く。

とじ目を上にして手にのせ、丸く形をととのえる。

親指と中指で生地を持ち、ぎゅっと押して中央に穴をあける。

バター（分量外）をたっぷり塗った型に入れる。もう1つも **34〜42** を同様に行う。

最終発酵
35℃で90分発酵させる。

発酵後。

焼成
190℃に予熱したオーブンに入れ、190℃で30分焼く。

型から出して、オーブンシートを敷いた網にのせ、熱いうちに仕上げ用のシロップを刷毛で塗る。

サワー種

伝統的に受け継がれたサワー種の種をつぐ製法と、乳酸菌と酵母菌のスターターを使う製法と、元種を作ってスクリーニングを繰り返して種つぎしていく製法の3つがあります。最初のタイプは代々続くパン屋の製法でやり方は不明。2つ目のタイプは企業が培養したスターターを使うので作り方がわかりません。こうした理由から本書では3つ目の発酵種を使います。

〈サワー種の種類〉

粉の旨みにこだわりたい人が使うサワー種

ルヴァン種

小麦もしくはライ麦をもとにしておこした発酵種。自然酸化作用をもつ細菌叢（細菌のかたまりのようなもの）でpH4.3以下のものをいいます。種おこしの途中で小麦を主役にして完成させていきますが、かためのもの（TA150〜160）が多いです。やわらかいリキッドタイプ（TA200〜225）と、かたいデュールタイプ（TA150〜170）があり、小麦の旨みがあふれてしっかりとした酸味をもっているのが特徴です。菌の種類は、サッカロミセス・セレビシエ、カンジダ・ミレリ、ラクトバチルス・ブレビスなど。

ライサワー種

ライ麦をもとにして、最後までライ麦で完成させた発酵種。かためのもの（TA150〜160）とやわらかめのもの（TA180〜200）があります。ライ麦の旨みがあふれ、しっかりと強い酸味を感じる発酵種になりやすいのが特徴です。また、焼成過程でライ麦のでんぷんに、分解酵素（アミラーゼ）が働きすぎるのを抑制する効果も担った発酵種でもあり、ライ麦の配合が多いパンには必要です。菌の種類は、サッカロミセス・セレビシエ、ラクトバチルス・ブレビス、ラクトバチルス・プランタルム、ラクトバチルス・サンフランシセンシスなど。

本格的なパン作りにこだわる人やプロが使うサワー種

ホワイトサワー種

小麦を主体として完成させるアメリカ西海岸の小麦発酵種。サンフランシスコサワー種ともいわれる。小麦の旨みにあふれた酸味が比較的強いのが特徴です。日本の気候風土では存在しにくい酵母菌や乳酸菌が主体になるので、市販のスターターを使用するか、現地のパン屋さんから手に入れる必要があります。菌の種類は、サッカロミセス・エクシグウス、ラクトバチルス・サンフランシセンシスなど。

パネトーネ種

小麦主体の発酵種。イタリアの北部ロンバルディア地方で古くから伝統的なパン作りに利用されてきました。小麦の旨みをもちながら、pH4以下の環境でも酸に強い発酵力をもちます。日本の気候風土では存在しにくい酵母菌や乳酸菌が主体になるので、市販のスターターを使用するか、現地のパン屋さんから手に入れる必要があるため、家庭製パンではあまり使われません。菌の種類は、サッカロミセス・エクシグウス、ラクトバチルス・プランタルム、ラクトバチルス・サンフランシセンシスなど。

〈サワー種のスクリーニングのやり方〉

本書で使うサワー種は、最初にライ麦粉（または小麦粉）に水を加えて元種を作り、5〜6日間「小麦粉＋元種＋水」を繰り返して、いい微生物と悪い微生物をスクリーニングしていきます。

1日目

最初にライ麦粉（または小麦粉）に水を加えて発酵させ、すべての微生物を増殖させる。

2日目

底のほうの一部を取り出して別の容器に入れ、新たに粉と水を加えて発酵させる。

3日目以降

2日目と同じ作業を4〜5日繰り返して行う。

1日目。

2日目から底のほうの一部を取り出す。

〈スクリーニングでの微生物の動き〉

最初はいい微生物も悪い微生物も培養しますが、**スクリーニングを行うことでいい微生物だけにします。** そのメカニズムを微生物の動きで理解すると、スクリーニングを繰り返す意味がわかってきます。

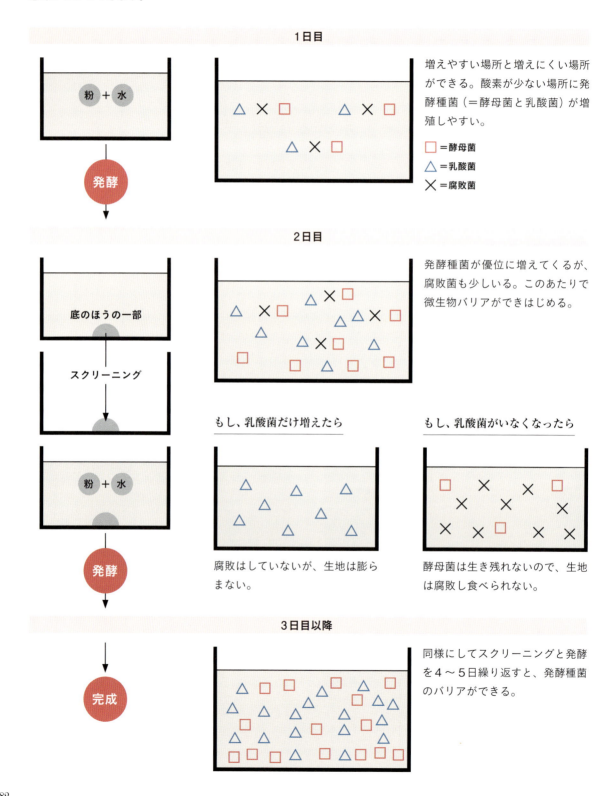

〈スクリーニングでの環境条件〉

① バリア

1日目
ない。すべての微生物を増やす。

2日目
弱め。スクリーニングするときは発酵種菌が多そうな場所（下側）を選ぶ。

3日目
しっかりと強くなる。スクリーニングするときは発酵種菌が多そうな場所（下側）を選ぶ。

② えさ（栄養）

1日目
でんぷん由来のもの。

2日目
でんぷん由来のもの。

3日目
でんぷん由来のもの。

③ 温度

1日目
発酵種菌が増殖しやすい28～35℃。

2日目
発酵種菌が増殖しやすい28～35℃。

3日目
発酵種菌が増殖しやすい28～35℃。

④ pH（ペーハー）

1日目
中性あたりからスタート。ただし翌日、少しでも酸性になっていない場合は失敗と考える。

2日目
1日目より酸性になる。

3日目
2日目と同じか、さらに酸性に傾く。

⑤ 酸素

1日目
菌を増やしたいのでよく混ぜる。

2日目
菌を増やしたいのでよく混ぜる。

3日目
菌を増やしたいのでよく混ぜる。

⑥ 浸透圧

1日目
微生物全体を増やしたいので、塩は使わない。

2日目
微生物全体を増やしたいので、塩は使わない。

3日目
腐敗菌の増殖を防ぐため、塩を1～2％加える。

4日目以降

どんなパンを作りたいか、どんな発酵種菌を使いたいかでやり方が異なる。ポイントは温度とpH。

○**安定した発酵種にしたい場合**
腐敗しにくくするため、乳酸菌を優位にして強めの酸性になるようにする。目安はpH3.8前後。

○**発泡力が強い発酵種（酵母菌が多くて元気）にしたい場合**
膨らみ方や泡立ち方を意識する。

〈初種またはかえり種〉

「安心ゾーン」は腐敗菌がいないので安心だが、酵母菌も乳酸菌も元気がない。
サワー種を使う場合、まず「初種」を「安心ゾーン」で完成させるが、
このpHにおいておくと酵母菌も乳酸菌も活性化しにくい。
↓
そこで種つぎ（希釈・混ぜる）をする。
すると「安心ゾーン」から「やや安心ゾーン」にpHが動き、酵母菌と乳酸菌の量が増える。
↓
そのまま培養（発酵）するとpHは下がり、再び「安心ゾーン」に戻る＝"かえり種"。
この作業を何度も繰り返していくと、何年も先まで安心して使えるサワー種になる。
＊このサワー種を多く使って作るパンは"酸味が強く、膨らみにくい"。

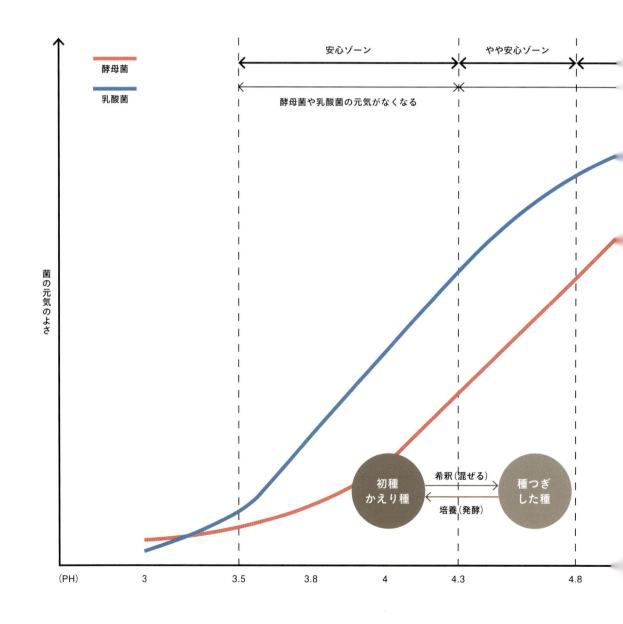

サワー種

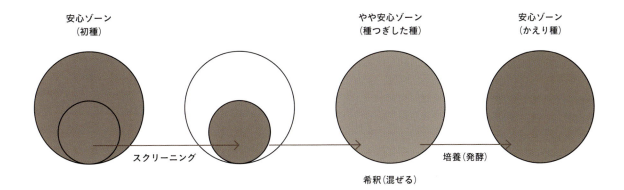

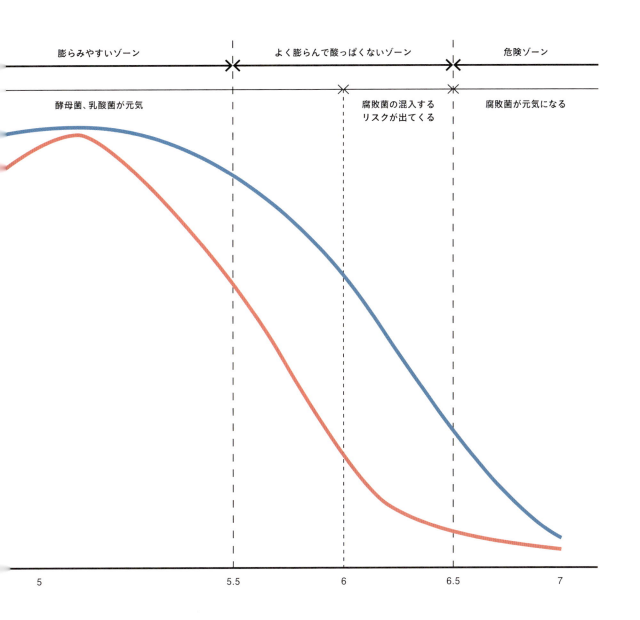

〈元種〉

初種またはかえり種でもパン作りはできますが、
酸味が強すぎたり、膨らみにくい場合はpHをコントロールしなくてはなりません。
そのため、元種を作ります。

まず「安心ゾーン」から「膨らみやすいゾーン」に移動させる＝"未完成の元種"。
初種の一部を取って、粉と水を加えて希釈（混ぜる）する。こうすると発酵種が元気に働く。
しかし、初種を少量しか使えないので、腐敗菌の入る余地ができてしまう。
↓
酵母菌が優位になっていることを確かめるため、培養（発酵）する。
↓
「やや安心ゾーン」に戻る＝"完成した元種"。
＊このサワー種を多く使って作るパンは"まあまあの酸味で、まあまあ膨らむ"。

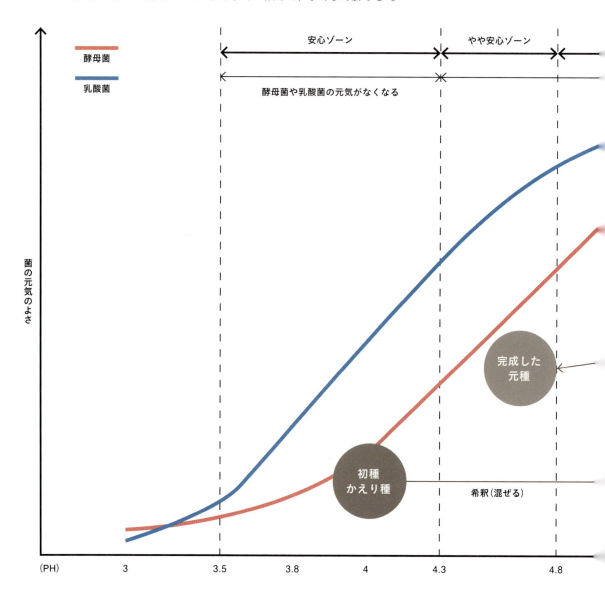

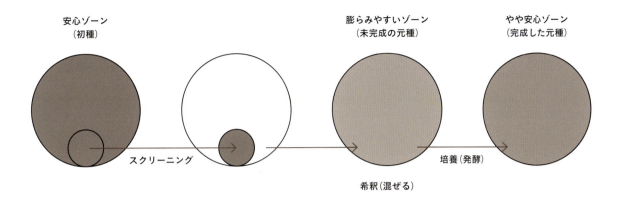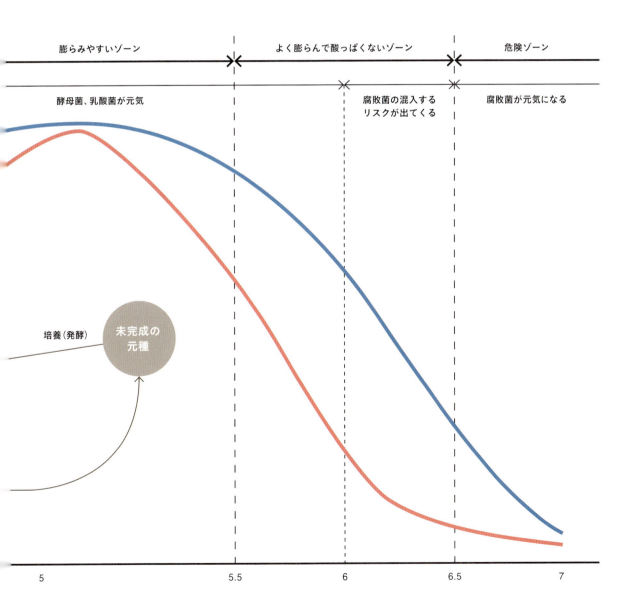

〈仕上げ種〉

"完成した元種"で作るよりもっと膨らませて酸味を弱くしたいとき、
いきなり「安心ゾーン」→「よく膨らんで酸っぱくないゾーン」に移動させると、
ごく少量の初種を希釈して培養するため、腐敗菌の混入リスクが高まります。
そこで「やや安心ゾーン」の"完成した元種"を使います。

"完成した元種"の一部を取って、粉と水を加えて希釈（混ぜる）する。
↓
pHは「危険ゾーン」に近くなるが、酵母菌と乳酸菌の量（数）でバリアができる＝"未完成の仕上げ種"。
↓
培養（発酵）してバリアができたことを確認する＝"完成した仕上げ種"。
＊このサワー種を多く使って作るパンは"よく膨らんで酸味が弱い"。

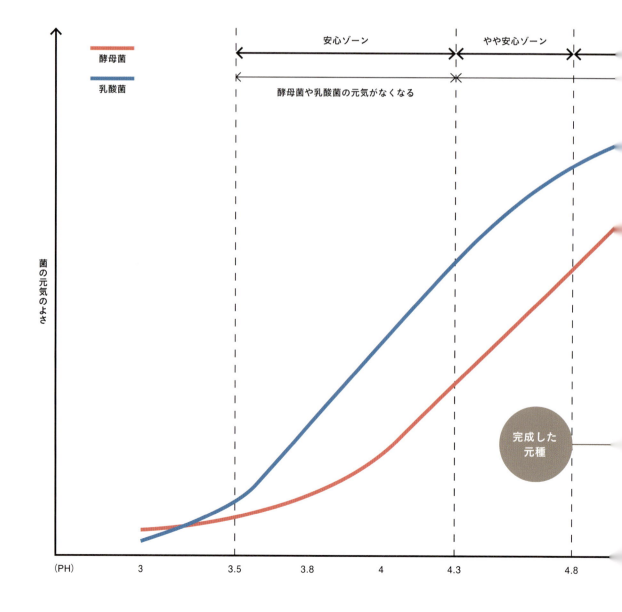

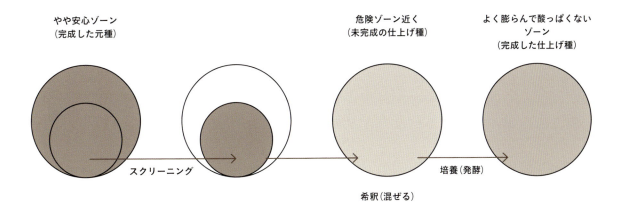

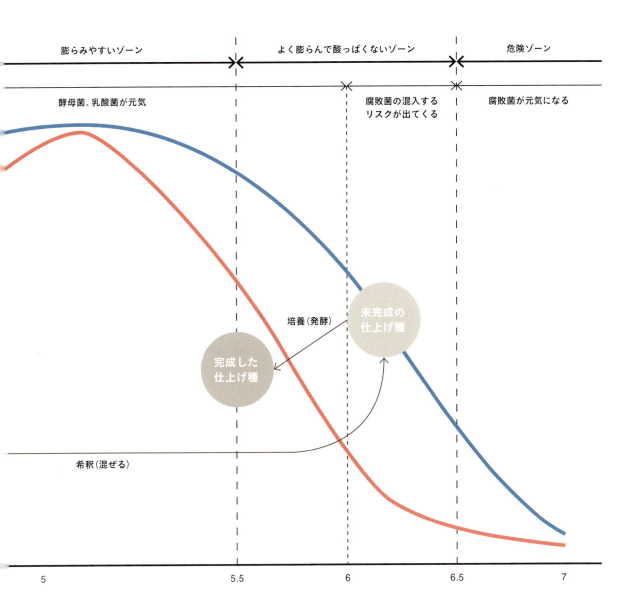

〈仕上げ種のpHと発酵種菌のバランス〉

パンは元種またはかえり種や初種でも作ることができます。仕上げ種はこれらに比べると面倒な作業が必要ですが、それでも作る理由は、pHの安定と発酵種菌の量のバランスが安定するからです。これらがどんな状態になっているかを知れば、面倒でも仕上げ種を作る意味がよくわかります。

例えば、pH4の初種またはかえり種からpH6の仕上げ種にする場合

発酵種菌の状態

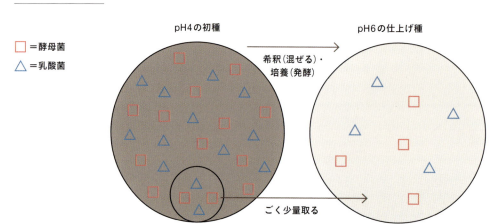

初種から"ごく少量"を取って希釈(混ぜる)・培養(発酵)すれば仕上げ種はできますが、この場合はpHと発酵種菌の量のバランスが取りにくいため、不安定な状態になります。

不安定な状態

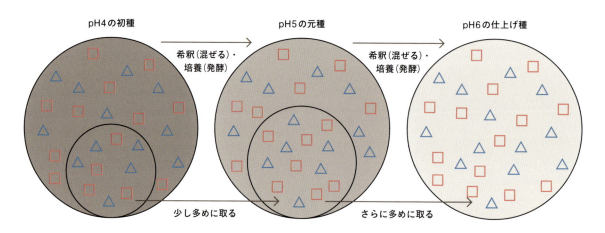

そこでpH5の元種を作る作業を間に入れると、"ごく少量"ではなく、それよりも多い量を取って希釈(混ぜる)・培養(発酵)をします。するとpHは高くなり、発酵種菌の量も多くなってバランスのいい安定した発酵種になります。

安定した状態

〈サワー種で使う粉について〉

サワー種に使う粉は基本的にはなんでもいいのですが、目的に応じて向いている粉を使い分けると、味わいがより深くなります。粉選びをするときの参考にしてください。

種おこしをするとき

こだわるポイントの優先順に。

全粒粉
↓
農薬を使っていないオーガニックのもの
↓
粗挽き粉
↓
灰分量が高いもの

酸味を強くしたいとき

こだわるポイントの優先順に。

全粒粉
↓
農薬を使っていないオーガニックのもの
↓
粗挽き粉
↓
灰分量が高いもの

膨らむパンを作りたいとき

こだわるポイントの優先順に。

灰分量が低いもの
↓
たんぱく質量が多いもの

ルヴァン種

「ルヴァン」とは小麦粉またはライ麦粉と水（＋塩）からおこした発酵種で、pH4.3以下の酸性。「ルヴァン」には発酵種の意味が含まれていますが、日本では「ルヴァン種」ということが多いようです。

〈ルヴァン種の環境条件〉

① バリア

バリアはない。

② えさ（栄養）

小麦でんぷんまたはライ麦でんぷんをえさにする。

③ 温度

発泡力のある酵母菌を増やすために、28℃にする。

④ pH（ペーハー）

小麦またはライ麦に付着している乳酸菌を増やしたいので、弱酸性にする。

⑤ 酸素

酸素を遮断して乳酸菌と酵母菌を増やす。

⑥ 浸透圧

腐敗菌の増殖は塩1〜2％を加えて抑える。

〈ルヴァン液種（リキッドタイプ）のおこし方〉

	1回目	2回目	3回目	4回目	5回目
粗挽きライ麦全粒粉	70g	—	—	—	—
細挽きライ麦全粒粉	—	50g	25g	—	—
準強力粉（タイプER）	—	—	25g	50g	50g
水	84g	60g	60g	60g	60g
前回の液種	—	50g	50g	50g	50g
発酵時間	約1日	約1日	約1日	9〜12時間	9〜12時間

混ぜ上げ温度 28℃　発酵温度 28℃

1回目
容器に粗挽きライ麦全粒粉と分量の水を入れ、泡立て器でよく混ぜる（混ぜ上げ温度28℃）。28℃の発酵器に入れる。1回目の終わりは、生地の膨らみがあり、酸味があって臭い。

2回目
前回の液種から必要量を取り出す。別の容器に分量の水と前回の液種を入れて泡立て器でよく混ぜ、粉を加えてさらに混ぜる（混ぜ上げ温度28℃）。28℃の発酵器に入れる。2回目の終わりは、1回目より膨らみが強くなり、アルコール臭と酸味があってまだ臭い。

3回目
前回の液種から必要量を取り出す。別の容器に分量の水と前回の液種を入れて泡立て器でよく混ぜ、粉類を加えてさらに混ぜる（混ぜ上げ温度28℃）。28℃の発酵器に入れる。3回目の終わりは、2回目より細かい気泡になって、生地が溶けているような状態になり、酸味が強い。2回目とは違った臭みになる。

4回目
前回の液種から必要量を取り出す。別の容器に分量の水と前回の液種を入れて泡立て器でよく混ぜ、粉を加えてさらに混ぜる（混ぜ上げ温度28℃）。28℃の発酵器に入れる。4回目の終わりは、表面全体に細かい気泡ができ、酸味が和らぐ。

5回目
前回の液種から必要量を取り出す。別の容器に分量の水と前回の液種を入れて泡立て器でよく混ぜ、粉を加えてさらに混ぜる（混ぜ上げ温度28℃）。28℃の発酵器に入れる。5回目の終わりは、4回目と同様に表面全体に細かい気泡ができ、フルーツのような匂いと爽やかな酸味を感じる。これで完成。冷蔵庫で1〜2日間保存可能。

ルヴァン液種で
カンパーニュ

小麦が大きく変化して生まれた酸味や旨みにこだわったパン。
ルヴァン液種を元種から仕上げ種まで変化させて、
やさしい酸味と、ほどよい軽さをもった田舎風のパンに。
サンドイッチのほか、チーズや料理などにもよくあいます。

材料　1個分

☐ 元種

		ベーカーズ%
ルヴァン液種 P93	12.6g	4.2
強力粉（春よ恋）	30g	10
水	36g	12
Total	78.6g	26.2

☐ 仕上げ種

		ベーカーズ%
元種（上記）	78.6g	26.2
強力粉（春よ恋）	60g	20
水	72g	24
Total	210.6g	70.2

☐ 本ごね生地

		ベーカーズ%
強力粉（キタノカオリ100）	144g	48
石臼挽き小麦全粒粉	30g	10
細挽きライ麦全粒粉	30g	10

＊粉類はポリ袋に入れる。

仕上げ種（上記）	210.6g	70.2
海人の藻塩	6g	2
モルト（希釈）	1.2g	0.4

＊モルト：水＝1：1で希釈する。

水	120g	40
Total	541.8g	180.6

打ち粉（強力粉） ……… 適量

工程

元種
混ぜ上げ温度25℃
28℃で4〜5時間発酵
↓
仕上げ種
混ぜ上げ温度25℃
28℃で2〜3時間発酵→冷蔵庫でひと晩
↓
本ごね
↓
ミキシング
こね上げ温度25〜26℃
↓
一次発酵
30℃で約1時間
↓
成形
↓
最終発酵
30℃で3時間
↓
焼成
230℃（スチームあり）で10分
→250℃（スチームなし）で10分
→250℃（スチームなし）で10〜15分

ポイント

一次発酵ではあまり膨らませないで、二次発酵でしっかりと膨らませると、酸味が抑えられた軽いパンに仕上がる。

ルヴァン液種／カンパーニュ

□ 元種を作る

1 混ぜる
保存瓶に水とルヴァン液種を入れ、ゴムべらでよく混ぜる。

2
粉を加える。

3 混ぜ上げ温度 25℃
全体がなじむまでよく混ぜる。

4 発酵
ふたをして28℃で4〜5時間発酵させる。

□ 仕上げ種を作る

細かい泡が立ってくる。

5 混ぜる
4の元種に水と粉を入れ、ゴムべらでダマがなくなるまでよく混ぜる。

混ぜ上げ温度 25℃

6 発酵
ふたをして28℃で2〜3時間発酵させる。

□ 本ごね生地を作る

細かい泡が立ってくる。そのあと、冷蔵庫でひと晩休ませる。

7 ミキシング
ボウルに水、モルト、塩を入れてゴムべらで混ぜ、仕上げ種を加える。

8
ゴムべらでよく混ぜあわせる。

9
粉類の入ったポリ袋をふってよく混ぜる。

ルヴァン液種／カンパーニュ

8に9を加える。 下からすくって返しながら、粉気がなくなるまでゴムべらで混ぜる。 生地を奥側から手前にカードですくう。

こね上げ温度 25〜26℃　　**一次発酵**

向きを変えて生地を持ち、台に打ちつける。 2つに折る。12〜14を6回×5セット行う。 容器に入れてふたをし、30℃で約1時間発酵させる。 発酵後。

成形

別の容器に目の粗いふきんをのせ、茶こしでふきんの目が隠れるくらい打ち粉をふる。 台と生地に打ち粉をたっぷりふり、容器の4つの壁面にカードを差し込む。 容器をひっくり返して台に出す。 右手で左下角、左手で右下角を持つ。

97

クロスした手を戻して生地をひねる。	生地の下側を持って中央に折る。	左手で右上角、右手で左上角を持つ。	クロスした手を戻して生地をひねる。

生地の上側を持って中央に折る。	向きを変え、右手で左下角、左手で右下角を持つ。	クロスした手を戻して生地をひねる。	生地の下側を持って中央に折る。

左手で右上角、右手で左上角を持つ。	クロスした手を戻して生地をひねる。	生地の上側を持って中央に折る。	折り目を手で押さえる。

最終発酵

生地を手に取り、寄せて丸くまとめる。	16で用意した容器にそっと入れる。	30℃で3時間発酵させる。	発酵後。

焼成

ふきんを少し持ち上げながら、茶こしで粉をふる。	板にオーブンシートをのせ、容器をひっくり返してふきんごと生地を出す。	ふきんについた生地をカードでやさしくはがしながら、ふきんをはずす。	茶こしで打ち粉を多めに(生地が隠れるくらい)ふる。

クープナイフで十文字に切り込みを入れ、底から2cmのところにも1周切り込みを入れる。

250℃に予熱したオーブンに、板にのせてすべらせながら入れる。

オーブンの内壁に霧吹きを15回かける。230℃(スチームあり)で10分、250℃(スチームなし)で10分焼き、向きを変えて250℃(スチームなし)で10〜15分焼く。

ルヴァン液種で
パヴェ

石畳のような形で、ふんわりしっとりとしたパン。
かぼちゃの風味の奥に小麦サワー種のやさしい酸味を感じます。
あまり強く焼かずに、サンドイッチにして楽しむのがおすすめ。

材料　6個分

		ベーカーズ%
強力粉（はるゆたかブレンド）	80g	40
準強力粉（タイプER）	100g	50
＊粉類はポリ袋に入れる。		
ルヴァン液種 P93	44g	22
インスタントドライイースト	0.6g	0.3
A		
海人の藻塩	4g	2
はちみつ	16g	8
牛乳	100g	50
かぼちゃペースト	80g	40
＊使う直前に温める。		
バター（食塩不使用）	20g	10
＊室温に戻す。		
Total	444.6g	222.3

打ち粉（強力粉） ………… 適量

工程

ミキシング
こね上げ温度24℃

一次発酵
30℃で30分→冷蔵庫でひと晩

分割、成形
耳を切り落として6等分

最終発酵
30℃で30分

焼成
220℃（スチームなし）で10〜12分

ポイント

酸味がきつくならないように、短時間で確実に発泡するイーストを併用。こねた生地や成形した生地を"平ら"にして均一な発泡を促す。

ミキシング

ボウルにAを入れて、ゴムべらでよく混ぜる。 ルヴァン液種を加えて混ぜる。 粉類が入ったポリ袋にインスタントドライイーストを加えて、ふって混ぜる。

2に3を加える。 下からすくって返しながら、粉気がなくなるまでゴムべらで混ぜる。 台に出す。

生地を奥側から手前にカードですくう。 向きを変える。 生地を持つ。 台に打ちつける。

ルヴァン液種／パヴェ

2つに折る。7～11を6回×2セット行う。 | バターをのせて手で全体に伸ばす。 | | カードで半分に切る。

奥側からカードですくう。 | 重ねる。 | 手で押さえる。 | 半分に切る。

重ねて手で押さえる。13～18を4回繰り返す。 | 生地を奥側から手前にカードですくう。 | 向きを変える。 | 生地を持ち、台に打ちつける。

103

22	23	24 こね上げ温度 24℃	25 一次発酵
2つに折る。19〜22を6回×3セット行う。	容器に入れる。	指で平らにならす。	ふたをして30℃で30分発酵させる。そのあと冷蔵庫でひと晩休ませる。

発酵後。	分割、成形 台に打ち粉を軽くふる。	生地の表面に打ち粉を軽くふる。	容器の4つの壁面にカードを差し込む。

容器をひっくり返し、生地を台に出す。　　左から中央に向かって生地を折り、折り目を押さえる。　　右から中央に向かって生地を折り、折り目を押さえる。

ルヴァン液種／パヴェ

32 大きい気泡があれば抜きながら全体を押さえる。

33 手前から中央に向かって生地を折り、折り目を押さえる。

34 奥側から中央に向かって生地を折り、折り目を押さえる。

35 大きい気泡があれば抜きながら全体を押さえる。

36 生地に打ち粉を軽くふる。

37 カードですくう。

38 ひっくり返す。

39 めん棒で13×19cmに伸ばす。

40 左右上下の耳を切り落とす。

41 横半分にカットしてから、それぞれ3等分に切り、6個に切り分ける。

最終発酵
42 オーブンシートにのせ、30℃で30分発酵させる。

焼成
43 250℃に予熱したオーブンに、板にのせてすべらせて入れる。220℃（スチームなし）で10～12分焼く。

ライサワー種

ライ麦を使って作る発酵種のこと。
日本では"ドイツのサワー種"として知られていますが、
ドイツでは「ザワー（＝酸味のある）タイク（＝生地）」と呼ばれ、
文字通り酸っぱい生地のことをいいます。

〈ライサワー種の環境条件〉

① バリア

バリアはない。

② えさ（栄養）

ライ麦でんぷんをえさにする。

③ 温度

発泡力のある酵母菌を増やすために、28℃にする。

④ pH（ペーハー）

ライ麦に付着している乳酸菌を増やしたいので、弱酸性にする。

⑤ 酸素

酸素を遮断して乳酸菌と酵母菌を増やす。

⑥ 浸透圧

腐敗菌の増殖は塩1〜2％を加えて抑える。

〈ライサワー種のおこし方〉

	1日目	2日目	3日目	4日目
粗挽きライ麦全粒粉	75g	70g	—	—
細挽きライ麦全粒粉	—	—	100g	100g
水	75g	70g	100g	100g
前日の種	—	7g	10g	10g
発酵時間	約1日	約1日	約1日	約1日

混ぜ上げ温度 26℃
発酵温度 28℃

1日目

容器に粗挽きライ麦全粒粉と分量の水を入れ、泡立て器でよく混ぜる(混ぜ上げ温度26℃)。28℃の発酵器に入れる。1日目の終わりは、臭い。

2日目

前日の種から必要量を取り出す。別の容器に分量の水と前日の種を入れて泡立て器でよく混ぜ、粉を加えてさらに混ぜる(混ぜ上げ温度26℃)。28℃の発酵器に入れる。2日目の終わりは、まだ臭い。

3日目

前日の種から必要量を取り出す。別の容器に分量の水と前日の種を入れて泡立て器でよく混ぜ、粉を加えてさらに混ぜる(混ぜ上げ温度26℃)。28℃の発酵器に入れる。3日目の終わりは、ややマイルドな香りがする。

4日目

前日の種から必要量を取り出す。別の容器に分量の水と前日の種を入れて泡立て器でよく混ぜ、粉を加えてさらに混ぜる(混ぜ上げ温度26℃)。28℃の発酵器に入れる。4日目の終わりは、マイルドな酸味を感じる。これで完成。冷蔵庫で2日間保存可能。

ライサワー種で
ディンケルブロート

ディンケル小麦（古代小麦）がもつしっかりとした小麦の味と、
それに負けないライサワー種の酸味を伴ったライ麦の旨み、風味を楽しむパンです。

材料　1個分

		ベーカーズ%
ディンケル小麦	160g	80
粗挽きライ麦全粒粉	20g	10

＊粉類はポリ袋に入れる。

ライサワー種 P107	40g	20
インスタントドライイースト	1.2g	0.6
海人の藻塩	4g	2
水	120g	60
炊いたファッロ	100g	50

＊ファッロとはディンケル小麦の中粒サイズ。鍋にファッロ40gと熱湯60gを入れて火にかけ、沸騰したら弱火で5分ほど炊いてアルミホイルをかけ、粗熱を取る。室温に戻す。

	Total	445.2g	222.6

打ち粉（ディンケル小麦）　………………　適量

工程

ミキシング
こね上げ温度27℃

成形

最終発酵
30℃で約40分

焼成
230℃（スチームあり）で10分
→250℃（スチームなし）で約20分

ポイント

一次発酵はせず、酸味が強くなる前に焼成する。そのため、短時間で確実に発泡するインスタントドライイーストを併用。

ライサワー種／ディンケルブロート

▶ ミキシング
粉類の入ったポリ袋にインスタントドライイーストを加えて、ふって混ぜる。

ボウルに残りの材料を入れ、1を加える。

下からすくって返しながら、粉気がなくなるまでゴムべらで混ぜる。

台に出し、奥側から手前にカードですくう。

向きを変える。

手で持つ。

台に打ちつける。

2つに折る。

生地を奥側から手前にカードですくう。

向きを変えて手で持ち、台に打ちつける。

2つに折る。

生地を奥側から手前にカードですくう。	向きを変えて手で持つ。	台に打ちつける。	2つに折る。

こね上げ温度 27℃

4〜15を2回×3セット行う。	▶ **成形** 台に打ち粉をふる。	生地をとじ目を上にしてのせ、生地にも打ち粉をふる。	手で押さえる。

直径約15cmに伸ばす。	生地を手前から奥側1/3のところまで折る。	折ったところを手のつけ根で押さえる。	奥側から手前1/3のところに折る。

ライサワー種／ディンケルブロート

111

折ったところを手のつけ根で押さえる。

中央を親指で押さえ、奥側から手前に2つに折る。

折ったところを手のつけ根で押さえる。

台に打ち粉をたっぷりふる。

打ち粉の上で生地を転がして、たっぷりまぶしつける。

とじ目を下にする。

オーブンシートにのせる。

最終発酵
30℃で約40分発酵させる。

発酵後。

焼成
茶こしで打ち粉をたっぷりふる。

クープナイフで斜めに6本、切り込みを入れる。

250℃に予熱したオーブンに、板にのせてすべらせて入れ、オーブンの内壁に霧吹きを12回かける。230℃（スチームあり）で10分、向きを変えて250℃（スチームなし）で約20分焼く。

ディンケル小麦について

ドイツ語で「ディンケル（Dinkel）」、英語で「スペルト（Spelt）」、フランス語で「エポートル（épeautre）」、スイスでは「スペルツ（Spelz）」、イタリア語で「ファッロ（Farro）」と呼ばれる古代小麦です。

ただし、イタリア語の「ファッロ」は、殻つき小麦全体を指す言葉なので、古代小麦の中の「エンマー小麦」なども含まれてしまう呼び方です。ちなみに、「エンマー小麦」も「スペルト小麦」も古代小麦ですが、系統は異なり、「エンマー小麦」は二粒系小麦、「スペルト小麦」は普通系小麦（パン小麦）にあたります。

古代小麦は、殻が厚く、気候変化や土壌条件に強い性質があるため、品種改良の必要がなく、化学肥料、除草剤や殺虫剤などの農薬をほとんど使わずに栽培できるので、オーガニック志向の方に喜ばれる小麦です。品種改良が施されなかったこの古代小麦は、アレルギーを発症しにくい小麦ともいわれています。とはいえ、すべての小麦アレルギーの方に安全というわけではありませんので、食べる前に医師に相談することをおすすめします。

殻がかたいので、製粉しにくい小麦です。グルテン骨格もあまり強くありませんが、栄養価が高く、健康志向の方の多くに支持されている小麦です。本書では、あえて「スペルト小麦」と呼ばず、昔からドイツで使われてきた小麦の呼び名として、「ディンケル小麦」と呼びました。

ライサワー種で
フルヒテブロート

どっしりとして甘くないフルーツケーキパン。
フルーツとライ麦が醸し出す酸味を楽しんで。
薄くスライスしてフレッシュタイプのチーズといっしょにどうぞ。

| 材料 | ワンローフ型1台分 |

☐ 中種

		ベーカーズ%
細挽きライ麦全粒粉	60g	20
ライサワー種 P107	30g	10
水	45g	15
Total	135g	45

☐ 本ごね生地

		ベーカーズ%
強力粉（はるゆたかブレンド）	180g	60
細挽きライ麦全粒粉	60g	20

＊粉類はポリ袋に入れる。

中種（上記）	135g	45
海人の藻塩	6g	2
水	180g	60
フルーツの洋酒漬け	180g	60

＊保存容器にオレンジピール60g、レモンピール30g、ドライブルーベリー60g、コアントロー30gを入れ、2～3日漬ける。

Total	741g	247

打ち粉（強力粉） ………………… 適量

| 工程 |

中種
混ぜ上げ温度27～28℃
30℃で3～5時間発酵
↓
本ごね
↓
ミキシング
こね上げ温度27℃
↓
成形
↓
最終発酵
30℃で約3時間
↓
焼成
230℃（スチームあり）で15分
→250℃（スチームなし）で35～40分

| ポイント |

酸味が強いライサワー種にライ麦粉と水を加えて発酵させ、酸味を軽減して発泡しやすい状態にすること。

ライサワー種／フルヒテブロート

□ 中種を作る

1
混ぜる
保存瓶に水とライサワー種を入れ、粉を加える。

2
混ぜ上げ温度 27～28℃
ゴムべらで粉気がなくなるまでよく混ぜる。

3
発酵
表面を平らにならしてふたをし、30℃で3～5時間発酵させる。

発酵後。

□ 本ごね生地を作る

4
ミキシング
ボウルに水と塩を入れてゴムべらで混ぜ、中種を加える。

5
粉類を加える。

6
下からすくって返しながら、粉気がなくなるまでゴムべらで混ぜる。

7

8
台に打ち粉を多めにふる。

生地を出す。

9
カードで皮生地150gを取り分ける。

ライサワー種／フルヒテブロート

10	11	12	13
台の粉を払って9で残った本体生地を置き、フルーツの洋酒漬けをのせる。	手で押さえて全体に広げる。	カードで半分に切る。	重ねて手で押さえる。

14	15	16 こね上げ温度 27℃	17 ▶成形
カードで半分に切る。	重ねて手で押さえる。	12〜15を4回繰り返す	台に打ち粉を多めにふる。

18	19	20	21
16の生地をのせる。	手で押さえて平らに広げる。	左から右1/3のところまで折って、手で押さえる。	向きを変える。

117

左から右1/3のところまで折って、手で押さえる。	20～22を4回繰り返す。	生地を手に取り、寄せて丸くまとめる。	とじ目を下にして台に置く。

再び打ち粉をふり、手で転がしながら15cm長さの円筒形にする。	台に打ち粉を多めにふる。	9で取り分けた皮生地をのせ、生地にも打ち粉をふる。	手のつけ根で押さえながら15cm長さに伸ばす。

めん棒で15×20cmに伸ばす。	26の本体生地の粉を払う。	とじ目を下にして30の皮生地の手前にのせる。	皮生地で本体生地を巻く。

ライサワー種／フルヒテブロート

  →  →

両端も生地を伸ばしてとじる。

とじ目を下にして型に入れる。

4本の指で押さえて、表面を平らにする。

最終発酵
30℃で約3時間発酵させる。

焼成
茶こしで細挽きライ麦全粒粉（分量外）をふる。

中央に1本、クープナイフで深さ5〜8mmの切り込みを入れる。

250℃に予熱したオーブンに入れ、オーブンの内壁に霧吹きを15回かける。230℃（スチームあり）で15分、向きを変えて250℃（スチームなし）で35〜40分焼く。

ホップス種

本来はイギリスで使われてきた発酵種といわれています。
本書で使っているのは米麹を使用して日本風にアレンジしたもの。
ビールでおなじみのホップスの香りと米麹が醸し出す甘さがベストマッチです。

〈ホップス種の環境条件〉

① バリア

ホップス液の抗菌効果で腐敗菌はやや増殖しにくい。

② えさ（栄養）

小麦でんぷん、じゃがいもでんぷん、一部りんご、米麹、きび砂糖をえさにする。

③ 温度

発泡力のある酵母菌を増やすために、27〜28℃にする。

④ pH（ペーハー）

りんごのすりおろしを加えるので弱酸性のスタートになり、発酵種菌が増えやすい。

⑤ 酸素

酸素を供給して炭酸ガスを多く発生させる。

⑥ 浸透圧

特に考えなくてよい。

〈ホップス種とサワー種の違い〉

基本はサワー種と同じですが、酒種の発酵の考え方が加わり、すべて液体の中で作業を行います。
「ホップスの煮汁＋煮立たせたホップスの煮汁で練った小麦粉＋マッシュポテト＋りんごのすりおろし（＋砂糖）＋米麹」。ここからスタートして、サワー種と同じように、発酵とスクリーニングを繰り返します。液体なのでスクリーニングは、よくかき混ぜた液を使います。発酵種菌の「量」をスクリーニングでコントロールするのがサワー種との違いです。
最初は多めからスタートし、徐々に減らしていきますが、発泡力はアップ。これが完成のサインになります。ただし、液体なので微生物が活発に動きやすいため、腐敗菌が増えないようにpHをしっかり管理することが大切です。最終的な目安はpH3.8〜4.0。

〈ホップス種の種おこしの材料〉

煮立たせたホップスの煮汁で練った小麦粉

えさになるでんぷん。微生物を集まりやすくするために練る。ホップスの煮汁に含まれる成分で抗菌作用と香りの効果を狙う。

マッシュポテト

えさになるでんぷん。拡散しやすいえさとして使う。

りんごのすりおろし

pHを少し酸性に傾けるため。でんぷん由来の糖以外の果糖やショ糖も加える。場合によっては砂糖も加える。

米麹

酵母菌が付着している可能性があるので、酵母菌を増やすことと、麹かび菌によるでんぷん分解を促すため。

〈ホップスの煮汁の作り方〉

小麦粉が入る3日目までは熱いホップスの煮汁を使うこと。α化されたでんぷんはえさにしやすいため、くっつきやすい。ホップスの煮汁の作り方は、小鍋にホップスの実4gと水200gを入れて沸騰させ、弱火で半量になるくらいまで（約5分）煮る。

〈ホップス種のおこし方〉

	1日目	2日目	3日目	4日目	5日目
ホップスの煮汁	40g	25g	12.5g	12.5g	12.5g
強力粉（春よ恋）	30g	20g	10g	—	—
マッシュポテト	75g	37.5g	37.5g	37.5g	37.5g
りんごのすりおろし	10g	7.5g	5g	5g	5g
水	95g	80g	120g	150g	150g
米麹	2.5g	2.5g	2.5g	2.5g	2.5g
きび砂糖	—	2.5g	2.5g	2.5g	2.5g
前日の種	—	75g	62.5g	50g	45g

1日目の作業

① ボウルに小麦粉と煮立たせたホップスの煮汁を入れる。

② ゴムべらでよく混ぜ、粗熱が取れるまで常温におく。

③ 別のボウルにマッシュポテト、皮をむいたりんごのすりおろし、分量の水を入れて、泡立て器でよく混ぜる。

④ ③に②を加えてゴムべらでよく混ぜる。

⑤ ④に米麹をほぐしながら加えてよく混ぜる（混ぜ上げ温度27℃）。

⑥ 保存瓶に入れ、28℃の発酵器に入れる。6時間ごとに攪拌する。

ホップス種

混ぜ上げ温度 **27℃**　発酵温度 **28℃**

1日目

1日目の終わりは、気泡を少しだけ確認できるが、すごく臭い。

2日目

1日目と同様にして作る。ただし、きび砂糖を1日目の作り方③で加えて混ぜる。前日の種はしっかり撹拌して茶こしでこして、作り方⑤の最後に加える（混ぜ上げ温度27℃）。6時間ごとに撹拌する。2日目の終わりは、1日目より気泡が少し増えるが、まだ臭い。

3日目

2日目と同様にして作る。3日目の終わりは、2日目よりさらに気泡が増えるが、匂いは和らぐ。

4日目

1日目と同様にして作る。ただし、作り方①はなく、作り方②の代わりに、常温のホップスの煮汁にきび砂糖を加えて混ぜる。6時間ごとに撹拌する。4日目の終わりは、3日目より細かい気泡になり、アルコール臭と酸味を感じる。

5〜6日目

4日目と同様にして作る。気泡は4日目と同じかやや増える。アルコール臭と酸味は和らぎ、ホップと米麹のバランスのいい香りを感じる。これで完成。ここでは5日目で完成したが、4日目の場合もあるし、6日目の場合もある。完成後、冷蔵庫で1〜2日間保存可能。

ホップス種で
ワンローフ（食パン）

日本独特の米麴を加えたホップス種を使います。
小麦と相性のいいホップスの香りと甘酒を思わせるようなほのかな甘みで
もっちり感が味わえます。

材料　ワンローフ型1台分

		ベーカーズ%
強力粉（はるゆたかブレンド）	200g	80
強力粉（キタノカオリ100）	50g	20
＊粉類はポリ袋に入れる。		
ホップス種 P123	50g	20
A		
海人の藻塩	4.5g	1.8
きび砂糖	12.5g	5
水	150g	60
Total	467g	186.8
打ち粉（強力粉）	適量	

工程

ミキシング
　こね上げ温度23℃

一次発酵
　28℃で5～6時間

分割・丸め
　3等分

ベンチタイム
　室温で10分

成形

最終発酵
　32℃で約2時間

焼成
　210℃（スチームなし）で15分
　→210℃（スチームなし）で3分

ポイント

生地の温度を下げず、発泡力が強い酵母たちを優先して発酵させる。高めの温度にすると、ふんわりとした食感になる。

ミキシング

1. ボウルにAを入れ、ホップス種を加える。
2. ゴムべらでよく混ぜる。
3. 粉を加える。
4. 下からすくって返しながら、粉気がなくなるまでゴムべらで混ぜる。

5. 台に出す。
6. 生地を奥側から手前にカードですくう。
7. 向きを変える。

8. 手で持つ。
9. 台に打ちつける。
10. 2つに折って、30秒休ませる。
11. 6〜10を6回×8セット行う。

こね上げ温度 23℃

ホップス種／ワンローフ（食パン）

12
一次発酵
容器に入れてふたをし、28℃で5～6時間発酵させる。

発酵後。

13
分割・丸め
台に打ち粉をやや多めにふる。

14
生地にも打ち粉をやや多めにふる。

15
容器の4つの壁面にカードを差し込む。

16
容器をひっくり返し、生地を台に出す。

17
カードで生地を3等分にカットし、計量して同量にする。

18
左右から中心に向かって折る。

19
下側の両角を内側に折る。

20
下側を中心に向かって折る。

21
奥側も同様にして中心に向かって折る。

22
とじ目を指で押さえてとじる。

127

   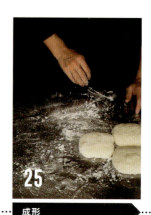

ベンチタイム

成形

23 とじ目を下にして置く。残り2つも 18～23 を同様に行う。

24 ぬれぶきんをかけて室温に10分おく。

ベンチタイム完了後。

25 台に打ち粉を軽めにふる。

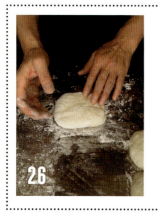   

26 生地をとじ目を上にしてのせる。

27 右手で左下角、左手で右下角を持つ。

28 クロスした手を戻して生地をひねる。

29 生地の下側を持って、中央に折る。

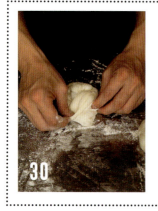   

30 左手で右上角、右手で左上角を持ち、クロスした手を戻して生地をひねる。

31 生地の上側を持って、中央に折る。

32 折ったところを指で押さえる。

向きを変える。 生地の上側を持って手前1/3のところに折る。 手前から奥側に折る。

折ったところを生地の下側に入れ込む。 とじ目を下にして、俵形にまとめる。残り2つも **27**～**37**を同様にして行う。

最終発酵

型に生地を3つ入れ、32℃で約2時間発酵させる。

発酵後。完了の目安は生地の上面が型から出る直前。

焼成

210℃に予熱したオーブンに入れ、210℃（スチームなし）で15分、向きを変えて210℃（スチームなし）で3分焼く。

パンの断面でわかること

でき上がったパンの断面を見ると、気泡や生地の膨らみ方などがひと目でわかります。気泡の大きさや散らばり方、生地の膨らみ方、生地の詰まり具合などを比べてみましょう。

フルーツ種（フレッシュ）で
セーグル
⇒作り方はP40〜参照

本来は内層に大きな気泡はできにくいパン。しかし分割・丸めのときにひねりを入れたことで、フランスパンを思わせるような大小の気泡ができた。

フルーツ種（ドライ）で
メランジェ
⇒作り方はP46〜参照

メランジェはフルーツ種を液体のまま使用しているので骨格が弱い。しかし、ぎりぎりつぶれていない内層から、生地の重さを生かして、ぎっしりのフルーツとナッツとのバランスをとったことがわかる。また皮生地がやわらかく薄く伸ばせたこともわかる。

パンの断面でわかること

酒種（酒粕）で
もちパン
⇒作り方はP54〜参照

水を多く加えた配合のもちパン生地に、酒粕の酒種を使うと、たくさんのでんぷん分解酵素により甘みが出るが、その分生地は水っぽくつぶれやすい。パンチでひねり上げた骨格が、クープに向かって大きく伸び上がっているのがわかる。

酒種（米麹）で
ハニークリーム
⇒作り方はP60〜参照

分割・丸めのときにひねり込んだ中心の部分が、つぶれずに周囲に伸びて広がっているのがわかる。

ヨーグルト種（粉あり）で
発酵菓子
⇒作り方はP68〜参照

内層のパサつきを防いで長期保存を狙った、もはやパンというよりも内層の詰まったしっとりしたクッキーのようであることがわかる。

ヨーグルト種(粉あり)で
クグロフ
⇒作り方はP74〜参照

クグロフ型の特徴を利用し、写真の下方向に生地を伸ばしたことがよくわかる。また、マーブル模様から、成形時の外側のプレーン生地と、内側のココア生地の強い張りがわかる。

ルヴァン液種で
カンパーニュ
⇒作り方はP94〜参照

大きな気泡ではないが、パン全体に気泡がつぶれずに広がっている。クープのエッジがあまり立たないようにし、生地をオーブンの中で全方向に伸ばしたことがわかる。

ルヴァン液種で
パヴェ
⇒作り方はP100〜参照

やや横に広がっている気泡から、成形時に折り重ねた生地の層がわかる。多く加えたかぼちゃのペーストで、つぶれやすい内層になるのを防いでいることもわかる。

パンの断面でわかること

ライサワー種で
ディンケルブロート
⇒作り方はP108〜参照

前処理したディンケル小麦の粒が、もっちり感を作り出している。成形時に向きを変えながら何度も折り返した生地のおかげで、中心から外側に向かって気泡が大きくなっているのがわかる。ライサワー種に加えて、短時間で確実に膨らむインスタントドライイーストがしっかり働いているのもわかる。

ライサワー種で
フルヒテブロート
⇒作り方はP114〜参照

本来は骨格が弱い生地だが、ライサワー種を中種（元種）に変えて仕込んだことにより、発泡力が少し高まっていることがわかる。気泡は小さくつぶれやすいが、成形後、型に入れたおかげでつぶれていないことがわかる。

ホップス種で
ワンローフ（食パン）
⇒作り方はP124〜参照

酒種にも共通する米麹が少し含まれるホップス種の発泡力は酒種よりは少し弱め。しかしでんぷん分解酵素のおかげで甘さが多少増え、しっとりとみずみずしい生地になっていることがわかる。

材料と道具

プロに近づくためのパン作りの道具は、いくつか専門的なものもありますが、ほとんどはいつも使っているもので大丈夫です。ここではこれだけはそろえておきたい道具をご紹介します。また、材料は本書で使った主なものをご紹介します。

大きい道具

発酵器
生地を発酵させるときに使う。下段に皿がついているので、水（または湯）を入れて、生地の表面が乾かないように湿度を保つ。これは折りたたみ式でコンパクトに収納ができる。

「洗えてたためる発酵器PF102」
庫内寸：
約幅43.4×奥行34.8×高さ36cm／
日本ニーダー

冷温庫
5〜60℃まで温度設定ができる。生地を発酵させるときに使う。発酵器よりは設定温度に誤差が出やすいが、生地を長時間寝かせるときに冷暗所として使えるので便利。

「ポータブル冷温庫MSO-R1020」
庫内寸：
約幅24.5×奥行20×高さ34cm／
マサオコーポレーション（輸入元）

電気オーブン
過熱水蒸気機能つきのものがおすすめ。スチームありとなしで使い分けることができるので便利。ガスオーブンでもよいが温度や時間が多少異なる。本書では電気オーブンを使用。

小さい道具

保存容器
種を発酵・保存するときに使う。中がよく見えるガラス製のものがおすすめ。半透明の密閉容器でもよい。

pH（ペーハー）メーター
種おこしのとき、種のpHをはかる。

微量はかり
スプーンタイプのはかり。少量のイーストをはかるときにあると便利。

はかり
0.1gまではかれるもので、粉などをはかるときに使う。

食品温度計
こね上げ温度をはかるとき、生地の中まで入れてはかることができる。

放射温度計
生地に触れずに温度がはかれる。こね上げ温度や発酵温度の確認に。

密閉容器
生地を発酵させるときに使う。半透明のものがよい。

ふきん
目の粗いもの。カンパーニュ（P94）で使う。

ボウル
生地を混ぜたり、練ったりするときに使う。

ゴムべら
生地を混ぜるときに使う。

ミニホイッパー
少量の液体を混ぜるときに使う。

カード
生地をすくって集めたり、カットするときに使う。

のし台
生地を伸ばしたり、分割したり、成形するときに使う。

めん棒
生地を伸ばすときに使う。

はけ
油や卵液などを塗るときに使う。

茶こし
仕上げに粉などをふるときに使う。

クープナイフ
生地に切り込みを入れるときに使う。

オーブンシート
天板に生地をのせて焼くときに敷く。

網
焼き上がったパンを冷ますときに使う。

霧吹き
焼成のとき、オーブンの内壁に吹きかける。

型

ワンローフ（食パン）型
1斤型ともいう。内寸約20×8×高さ8cm。フルヒテブロート(P114)、ワンローフ(P124)で使用。

パウンド細型
内寸約20×5.5×高さ5.5cm。メランジェ(P46)、ハニークリーム(P60)で使用。

クグロフ型
これは内径12×高さ7cmの陶器製のもの（マトファー社）。クグロフ(P74)で使用。

材料

粉
ⓐ小麦全粒粉、ⓑ小麦粉、ⓒディンケル（スペルト）小麦、ⓓ粗挽きライ麦全粒粉、ⓔ細挽きライ麦全粒粉。目的の種やパンによって使い分ける。

インスタントドライイースト
そのまま使えて便利。安定した発酵力がある。本書ではフランス・ルサッフル社製のサフイースト（赤）を使用。

塩
ミネラルを多く含む自然塩がおすすめ。本書では「海人の藻塩」（蒲刈物産）を使用。

糖類
溶けやすい顆粒や液体タイプを使う。パンにあったものを使い分ける。

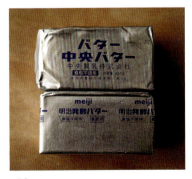

バター
塩分濃度の調整をしなくていい食塩不使用のものを使う。風味のよい発酵バターもおすすめ。

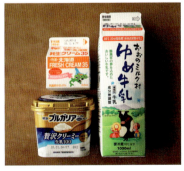

乳製品
生クリームは乳脂肪分35％のものを使用。ヨーグルトはプレーンタイプ。牛乳は成分無調整のものを使用。

モルト
水に溶けやすいシロップタイプのモルト。酵母を早く元気にして小麦粉のでんぷんを分解する。

でき上がった種の保存

Bタイプ の場合

発泡力が強いパン酵母(イースト)で作った発酵種は、完成したらすぐに冷蔵庫に入れて4℃に温度を下げ、それ以上増殖しないようにして保存します。もし温度を下げすぎて生地を凍らせると、水は氷になると体積が増えるため、酵母菌が傷ついて一部死滅する可能性があります。また、急激に温度を下げすぎると死滅する可能性がさらに高まります。

また、保存期間が長くなると酵母菌の活性が落ちてしまい、酵母菌以外の微生物の働きで酸味が出てくる危険性があるので、24〜48時間で使い切るようにします。もし冷凍するなら、発酵種を冷蔵庫に入れて完全に冷やしてから急速冷凍にしてください。それでも一部の酵母菌は死滅するので、発泡力を期待するなら、本ごね時に使う酵母の量を少し増やす必要があります。

Cタイプ の場合

発泡力が弱くて酸味のある発酵種は、複数の微生物のバランスを保つことが最優先されるので、死滅しやすい冷凍保存は不可です。pHや匂いを確認しながら徐々に4℃に向かって温度を下げていき、酸味が強くなったらリフレッシュ(乳酸菌が増えすぎた種を少し取り出して、粉と水で薄めること。これで微生物が元気になる)を行いますが、酸味の強さは個人の好みで決めます。

リフレッシュのタイミングの期間をのばしたい場合は、塩1〜2%を加えるパターンと水分活性を下げるパターンがあり、水分活性を下げる方法は2つ。

1つはいつも行う種つぎに加える粉の量を多くして"すごくかたい種"にし、微生物が動かないように破れにくいポリ袋に入れて布で巻き、ひもでぐるぐる巻きにしてしばります(写真)。なぜしばるかというと"すごくかたい種"にしても微生物は生きているので、発酵が少しずつ進むため、膨らんできます。すると微生物が動いてしまうためしっかりと固定するのです。

もう1つは"すごくかたい種"ではなく、"そぼろ状になるくらいの種"にすること。ここに粉を足して、ざるでふるって細かくして乾燥させます。こうすれば"すごくかたい種"よりさらに長く保存することができます。またレーズン種や酒種などの液状の発酵種の場合は、酸素の供給を絶つことで、乳酸菌と酵母菌が優位な環境を持続することができるので、液体の表面と容器のふたの間にすき間を作らないようにして、冷蔵庫で保存します。

パン作りで聞きたかったQ&A

Q. フルーツ種の種おこしに使うフルーツで、向かないものってありますか？

A. 基本的にフルーツはほとんどが酸性なので、種おこしはできると思います。ただし、種おこしができたとしても、たんぱく質分解酵素を多く含むパイナップルやキウイフルーツ、マンゴー、パパイヤ、メロン、梨、アボカドでおこしたフルーツ種は、生地に加えたときに、時間がたてばたつほど、せっかくこねて作ったグルテンが壊れ、つぶれたパンになる恐れがあるので、避けたほうがいいでしょう。

Q. 酒種（米麹）の種おこし（P53参照）で炊いたご飯のほかに、米を入れるのはなぜですか？

A. 米のまわりに付着しているかもしれない発酵種菌を増やしたいからです。米由来の発酵種菌が増えることで、旨みも風味もぐんとアップします。

Q. 最近人気の甘酒ですが、発酵種としては使えないのでしょうか？

A. 甘酒は、麹と炊いたご飯を60℃で保つことで、酵素が活発になって、ご飯のでんぷんが分解されてできます。しかし、酵母菌を含む発酵種菌は死滅してしまうのです。ですから甘酒は甘さや旨みの調味料としては使えますが、発酵種としては使うことができません。

Q. 酒種の種つぎで玄米を使ってもいいですか？

A. 使えます。ただし、脱穀していない玄米だと外皮に覆われていて中のでんぷんをえさにしにくいため、五分づきなどの少し中身が出たものを使ってください。

Q. 酒種の種つぎに冷凍ご飯を使ってもいいですか？

A. もちろん使えますが、電子レンジなどで60℃以上に加熱して、でんぷんをα化してから使ってください。α化すると、でんぷんのすき間があいて水分を多く含み、酵素が働きやすくなるからです。かたいご飯よりやわらかいご飯のほうが消化しやすいのと似ています。

Q. ルヴァン種の種おこし（P93参照）で小麦全粒粉でなく、ライ麦全粒粉を使ったのはなぜですか？

A. 小麦全粒粉でも作ることはできますが、私の経験上、ライ麦全粒粉のほうが発酵種菌を初期段階で増殖できると考え、こちらを使いました。

Q. ライサワー種の種おこし（P107参照）で粗挽きと細挽きのライ麦粉を使い分けるのはなぜですか？

A. 細挽きは何度も挽いているので、摩擦熱によるダメージが粗挽きより多いと考えられます。種おこしの際は、なるべくライ麦に付着している微生物が多いほうがいいので、最初は粗挽きを使います。しかし、その分酸味が強いライサワー種になりやすいため、後半では細挽きを使って、マイルドな香りとやさしい酸味に仕上げるのです。

Q. 種おこしで28℃の温度を何日も継続させることが難しい場合、室温で管理してもいいのでしょうか？

A. 大丈夫ですが、室温が安定した温度であることが大切です。不安定な場合は、自然の発泡力や酸味、旨みなどのバランスが崩れてしまうので注意が必要です。一般的に低い温度で管理すると酸味が強くなる傾向があります。いろいろな発酵種に挑戦するなら、冷温庫をそろえておくと、安心して温度管理ができますよ。

Q. でき上がった発酵種はどれくらいの期間、種つぎすることができますか？

A. 定期的に種つぎを行えば、いつまでもつなぎ続けることができます。しかし、種つぎの際、酸味の度合いや旨み、発泡力などを安定させるためには温度管理やpH管理なども必要です。時間だけにとらわれず、五感を使って自分好みの種ができるようにコントロールしてください。

Q. 酸っぱくなった種はもう使えませんか？

A. 使えますが、リフレッシュ（乳酸菌が増えすぎた種を少し取り出して、粉と水で薄めること。これで微生物が元気になる）したほうがいいでしょう。リフレッシュをする際は、いつもより早めにチェックを行い、酸味が強くなったらすぐにもう一度リフレッシュを行ってください。酸味が強いまま冷蔵庫に入れて保管することがないように注意してください。

Q. 旅行に行くのですが、
おこした種は何日くらい放置しても大丈夫ですか？

A. 発酵種にもよりますが、3～4日は冷蔵庫で保存可能です。それ以上保存する場合は、パン作りをする2～3日前に、リフレッシュ（P140）してから使うことをおすすめします。

Q. 冷蔵庫に納豆を入れていますが、
発酵種といっしょに入れても大丈夫ですか？

A. 納豆菌はとても強く、発酵種菌が負けてしまうとよくいわれますが、密閉容器に入れておけばそれほど気にしなくてもいいと思います。しかし、密閉容器のまわりに納豆菌が付着している可能性があるので、ふたをあける前に、容器全体を流水で洗い流すと安心です。

Q. 発酵種は
冷凍保存ができますか？

A. 冷凍保存は避けたほうがいいでしょう。水を多く含んでいる発酵種は、冷凍すると水の体積が膨張して発酵種菌にダメージが加わり、傷がついて死滅する危険性があります。

Q. 発酵種を入れる密閉容器は、
毎回消毒したほうがいいですか？

A. きれいに水洗いをして清潔にしてあるなら、消毒の必要はありません。もし、かびがついているのを見つけたら、塩素殺菌や熱湯消毒をしてから使ってください。

Q. パン作りで「こね上げ温度」がありますが、こね上げたとき、
この温度になっていない場合はどうすればいいですか？

A. 生地量が少ない場合でこね上げ温度が高かった場合は、バットに生地を平らに敷きつめて食品温度計を刺して冷蔵庫に入れ、こね上げ温度に下がったら、生地をまとめ直して密閉容器に入れて発酵させます。逆にこね上げ温度が低かった場合は、バットに生地を平らに敷きつめ、食品温度計を刺して40℃くらいの湯せんにかけ、こね上げ温度になったら生地をまとめ直して、密閉容器に入れて発酵させます。

堀田 誠（ほった・まこと）

1971年生まれ。「ロティ・オラン」主宰。「NCA名古屋コミュニケーションアート専門学校」非常勤講師。高校時代にスイス在住の叔母の家で食べた黒パンの味に感動したことや、大学時代に酵母の研究室で学んだことがきっかけでパンに興味をもち、給食パンなどを扱う大手パン工場に就職。そこで出会った仲間に「シニフィアン シニフィエ」（東京・三宿）の志賀勝栄シェフを紹介され、本格的にパンの道に進む。その後、当時志賀シェフの弟子だった3人とベーカリーカフェ「オラン」を開業。その後、「ユーハイム」で新店舗の立ち上げに携わったのち、再び志賀シェフに師事。「シニフィアン シニフィエ」に3年勤務したのち、2010年、パン教室「ロティ・オラン」（東京・狛江）を始める。著書に『「ストウブ」で、パン』『誰も教えてくれなかったプロに近づくためのパンの教科書』（河出書房新社）、『ヨーグルト酵母でパンを焼く。』（文化出版局）など。

http://roti-orang.seesaa.net/

誰も教えてくれなかった
プロに近づくためのパンの教科書【発酵編】

2018年4月30日　初版発行
2019年9月30日　3刷発行

著　者　堀田 誠
発行者　小野寺優
発行所　株式会社河出書房新社
　　　　〒151-0051　東京都渋谷区千駄ヶ谷2-32-2
　　　　電話　03-3404-1201（営業）
　　　　　　　03-3404-8611（編集）
　　　　http://www.kawade.co.jp/
印刷・製本　図書印刷株式会社

©Makoto Hotta 2018
Printed in Japan
ISBN978-4-309-28678-5

落丁本・乱丁本はお取り替えいたします。
本書のコピー、スキャン、デジタル化等の無断複製は著作権法上での例外を除き禁じられています。本書を代行業者等の第三者に依頼してスキャンやデジタル化することは、いかなる場合も著作権法違反となります。

デザイン
小橋太郎（Yep）

撮影
日置武晴

スタイリング
池水陽子

調理アシスタント
小島桃恵
高井悠衣
伊原麻衣
高石恭子
小笹友実

企画・編集
小橋美津子（Yep）

材料協力

寿物産 株式会社
http://www.kotobuki-b.com/
TEL 03-5799-4800

TOMIZ（株式会社 富澤商店）
オンラインショップ：https://tomiz.com/
代表：042-776-6488

日本ニーダー株式会社
https://kneader.jp/
問い合わせ先：0120-481-484

本書の内容に関するお問い合わせは、お手紙かメール（jitsuyou@kawade.co.jp）にて承ります。恐縮ですが、お電話でのお問い合わせはご遠慮くださいますようお願いいたします。